EN SICILE

PARIS. TYP. PLON-NOURRIT ET Cⁱᵉ, 8, RUE GARANCIÈRE. 1 : 603

EDMOND RADET

EN SICILE

IMPRESSIONS D'ART ET DE NATURE

PARIS

LIBRAIRIE PLON

PLON-NOURRIT et Cⁱᵉ, IMPRIMEURS-ÉDITEURS

8, RUE GARANCIÈRE — 6ᵉ

1909

O Sicile ! pays de rêve,
Beau jardin des fleurs du passé
Où les mythes ont pris leur sève,
Les dieux ont marché sur ta grève
Et leur pas n'est point effacé.

PIERRE DE NOLHAC.

AVANT-PROPOS

Les quelques impressions qui suivent, recueillies au cours d'une rapide excursion en Sicile, nous ont semblé le complément naturel de notre livre : Visions brèves. Notes d'art et de voyage en Italie.

Le très bienveillant accueil réservé à notre premier essai nous a encouragé à publier ce second volume.

Puissent nos lecteurs de la première heure nous conserver leur fidèle et indulgente attention et nous accompagner avec le même intérêt en notre nouvelle expédition au pays de l'art et de la lumière.

Ils donneraient ainsi à notre travail la seule récompense souhaitée par nous et nous verrions sans remords s'augmenter la dette de reconnaissance que nous avons contractée envers eux.

E. R.

Janvier 1909.

I

DE PARIS A PALERME

Du jeudi 19 février au dimanche 1ᵉʳ mars. Rome. — Encore une fois nous voilà sur le chemin de l'Italie et franchissant les Alpes au mont Cenis. Encore une fois nous sommes invinciblement attirés vers le foyer inextinguible de l'art et de la tradition, vers le pays privilégié où nous retrouvons la trace de tant de nos origines et les sources pures de notre culte instinctif pour la beauté.

Aujourd'hui c'est la Sicile qui est notre principal but. Nous voudrions lui consacrer tout le temps dont nous pouvons disposer. Mais comment traverser Rome et Naples dans un *treno di lusso* utilitaire en détournant la tête et sans nous arrêter? Ce serait, nous semble-t-il, commettre un sacrilège vis-à-vis de la Ville Éternelle, montrer une ingratitude impardonnable pour Naples et ses enchantements. Nous nous arrêterons donc quelques jours à ces deux étapes.

Trente heures seulement séparent maintenant Paris de Rome. Partis le jeudi à une heure par l'*Express Rome-Naples-Palerme*, nous venons, le lendemain vendredi, de traverser Civita-Vecchia. Il est six heures du soir. Le jour s'éteint. Rome apparaît, masse noire et profonde. Le train décrit une large courbe autour de la ville que nous abordons par le sud. Notre cœur bat en apercevant, à peine visibles dans la pénombre du soir, la silhouette des vieux remparts, la porte San Paolo gardée par la pyramide de Cestius, les hautes et nombreuses statues de

Saint-Jean-de-Latran. Voici la *Stasione Termini*. Voici le carrefour des Quatre-Fontaines et la via del Tritone pleine d'animation. Voici notre habituel gîte, l'hôtel Marini, près de la place Colonna et du Corso. Nous sommes émus, heureux, et Rome reprend en un instant possession de nous. Il nous semble, après une année écoulée, que nous l'avons quittée hier...

Le ciel se met en fête pour tout le temps de notre nouveau séjour à Rome. Le soleil ne cessera pas de briller et nous allons vite oublier les jours tristes et sans lumière de notre hiver parisien.

Revenir à Rome, s'y sentir chez soi, s'abandonner à la douce flânerie sans regarder son « Guide » et voir, comme disait Cicéron parlant du Forum, « en quelque endroit qu'on mette le pied, s'éveiller un souvenir », c'est là une jouissance complète qu'il faut avoir goûtée pour en comprendre toute la saveur et tout le charme. D'instinct, nous fuyons la via Nazionale et la

banalité des grandes voies *modern style*.
Les vieux quartiers, ceux qui ont conservé
leurs rues tortueuses et fraîches, leur pavage de larges dalles, leurs maisons basses,
leurs boutiques voûtées, leurs grands palais
solennels, tout de suite attirent nos pas.
Puis voici le Corso, la place d'Espagne,
toujours si vivante autour de l'amusante
Barcaccia du Bernin. Voici l'escalier con-
tourné de la Trinité des Monts dont les
premiers degrés disparaissent sous l'amon-
cellement des fleurs éclatantes; le Pincio
et son panorama incomparable; la place del
Popolo qui rappelle si éloquemment la
splendeur papale avec ses quatre églises,
sa fontaine à obélisque et ses rampes, toujours verdoyantes, gravissant le Pincio.

Nos chères visions passées s'évoquent
plus intenses que jamais et se parent de
couleurs nouvelles. Rome est une source
inépuisable pour l'admiration et la curiosité
sans cesse en éveil devant la variété des
spectacles. Rome, pour qui sait l'interroger
et la regarder, résume l'histoire de l'huma-

nité tout entière. Rome est l'anneau visible où la chaîne des temps millénaires a relié l'Orient, berceau de la race humaine, à l'Occident, théâtre des modernes évolutions des peuples. Rome est à la fois le monde antique et le monde moderne. Elle a pieusement recueilli l'héritage des civilisations orientales et grecque. C'est d'elle qu'est parti le rayonnement de la civilisation chrétienne sur le monde. Elle est pour tous un enseignement unique, un livre toujours ouvert dont les pages multiples racontent la gloire du génie humain sous toutes ses formes. C'est pour cela que Rome intéresse et retient captivés les hommes de tous les pays, qui ne s'y sentent point étrangers et qui s'y rattachent tous par quelque lien mystérieux d'histoire, de mœurs ou d'art.

Pour nous, c'est surtout l'art qui nous met en communion avec l'âme de Rome. Avec joie, nous la sentons revivre en nous en retrouvant la trace de nos pas.

Aux galeries du Vatican, aux deux Musées du Capitole, au Colisée, au Palatin, au Forum, c'est l'art antique qui nous renouvelle la vue de ses trésors, de ses plus belles manifestations sculpturales et monumentales où s'éternise la beauté.

Aux Catacombes, aux Sanctuaires qui ont gardé leurs archaïques mosaïques et la douceur naïve des primitives basiliques, c'est l'art chrétien qui nous ressaisit.

A Saint-Pierre, aux *Stanze*, à la Sixtine, aux appartements Borgia, aux palais Farnèse, Doria ou Colonna, aux églises sans nombre pleines de tombeaux et de statues, c'est l'art de la Renaissance qui nous apparaît de nouveau avec toute la grâce inventive du quattrocento ou la maîtrise puissante et définitive des Raphaël et des Michel-Ange.

Quelle séduction aussi pour nos yeux d'habitants du nord, en ce mois de février qui garde chez nous un aspect si maussade et hivernal, de retrouver ici la vision printanière des chênes verts, des lauriers, des cyprès, de toute la flore qui ne connaît pas la saison morte! Cette éternelle verdure, parée des premières fleurs qui commencent à s'épanouir, encadre harmonieusement les ruines antiques, les palais, les villas. Aux exquises terrasses du Palatin planant au-dessus des dix collines historiques, aux futaies du parc Borghèse qui déroule ses pelouses embaumées de violettes fraîches, aux jardins suspendus de l'inoubliable villa Médicis où le mystérieux *Boschetto* et les charmilles séculaires ombragent un petit coin de France, nous nous sentons heureux de vivre dans le présent et dans le passé.

Mais ce n'est pas seulement le rappel de nos impressions d'antan que nous sommes venus chercher ici cette année. Nous voulons aussi parfaire, s'il se peut, notre initiation romaine, voir ce que nous n'avons pas encore vu. Bien nombreux sont les sujets d'études que nous n'avons pas abordés. Nous n'avons pas la prétention de les épuiser : les plus longs séjours n'y pourraient suffire. Mais nous trouverons notre joie à recueillir quelques nouvelles émotions d'art devant des visions nouvelles et à fixer le souvenir de la part de beauté que nous y découvrirons.

De tous les monuments de l'ancienne Rome, un des plus suggestifs et des mieux conservés c'est le Panthéon.

Il fut construit, en l'an XXVII, par Agrippa, gendre d'Auguste, qui en fit le *Pantheum* ou le *Très-Saint*, sanctuaire dédié aux grandes divinités planétaires. Les empereurs, de Trajan à Caracalla, commencent à le dénaturer dans ses détails. Hadrien le reconstruit presque entièrement. Constance II, en 662, emporte à Constantinople les tuiles de bronze doré de sa toiture. En 1632, le pape Urbain VIII Barberini fait fondre les poutrelles en bronze du portique et les transforme en colonnes pour le maître-autel de Saint-Pierre, donnant ainsi à Pasquin le prétexte du fameux dicton : *quod non fecerunt Barbari fecerunt Barberini*. Malgré tout, le Panthéon nous apparaît encore comme une œuvre complète, d'une imposante ordonnance ; comme la formule concrète d'un art puissant arrivé à son plus haut degré d'expression.

Nulle part n'éclatent plus librement qu'ici les qualités de force, de grandeur, de noblesse qui caractérisent l'art romain dans les beaux édifices des premiers temps de l'Empire. Le portique, couronné d'un entablement largement profilé et d'un fronton, est formé de seize magnifiques colonnes en granit, portant des chapiteaux corinthiens. La belle matière et les pures proportions des colonnes, l'élégance et la sobriété des chapiteaux corinthiens, que les Romains surchargèrent trop souvent ailleurs, donnent à l'entrée du temple une solennité et un style que l'on retrouve rarement à ce degré de perfection.

La rotonde et la coupole sont d'un si ferme dessin qu'elles conservent encore tout leur effet malgré l'enlèvement de leur riche décoration primitive : plaques de marbres rares, ornements de bronze doré, bas-reliefs sculptés. Les murs dépouillés étalent au grand jour la construction en briques noyées dans l'indestructible ciment romain. Elle a été exécutée avec un tel soin et le temps l'a si harmonieusement patinée, qu'on reste séduit par la beauté des lignes et de la chaude coloration, oubliant vite les injures des hommes.

A l'intérieur, l'immense rotonde a exactement la même hauteur que son diamètre de quarante-trois mètres quarante. Elle ne reçoit le jour que par une seule ouverture circulaire de neuf mètres de diamètre, au centre de la coupole, et cependant on est frappé tout de suite par la pureté et l'égalité de la lumière qui tombe de cette unique baie et se distribue partout admirablement. Il y a là un phénomène qu'explique à peine le complet équilibre des proportions générales.

Le pavement de porphyre et de marbres rares, les sept belles niches encadrées de pilastres cannelés et reliées par des colonnades, les deux corniches très sobres qui pourtournent la muraille circulaire, les caissons de la coupole, quoique souvent remaniés et dépouillés de leurs ornements en bronze, complètent un ensemble d'une haute valeur d'art et qui impose une impression de beauté.

Le Panthéon s'appelle depuis Boniface IV *Santa Maria Rotonda*. Les dieux antiques ont disparu de leurs niches. Ils ont été remplacés par des autels chrétiens, par des mausolées élevés aux grands artistes modernes tels que Balthazar Peruzzi ou le divin Sanzio, par les sépultures des souverains de la très jeune dynastie italienne, Victor-Emmanuel II et Humbert Ier dont la dépouille semble trouver un surcroît d'honneur en ce très antique sanctuaire. Encore une fois Rome évoque ici devant nous le mystère des grandeurs et des décadences historiques à travers les siècles : le triomphe de la maison de Savoie après la longue domination papale, qui, elle-même, avait pris possession de l'orgueilleux Panthéon consacré aux dieux de l'Olympe par la civilisation antique. Sans étonnement, en sortant sur la petite place qui précède le portique, nous contemplons la fontaine de Clément XI, surmontée d'un obélisque rapporté d'Égypte et provenant d'un célèbre temple d'Isis, trait d'union millénaire entre l'Occident et l'Orient.

Si une pensée supérieure, c'est-à-dire un hommage pompeux à la divinité, paraît avoir présidé à l'édification du Panthéon, c'est la basse recherche de la popularité, annonce de la décadence prochaine, qui a poussé Caracalla, Héliogabale et Alexandre Sévère à élever de 212 à 222 les Thermes dits de Caracalla. Nous nous y rendons par la via Appia qui s'amorce entre l'Aventin et le Cœlio.

Avant de sortir de Rome par la porte San Sebastiano, elle traverse un faubourg presque campagnard, presque inhabité maintenant, et c'est du milieu des haies verdoyantes et des jardins fleuris que nous voyons surgir la masse énorme des Thermes en ruine.

Les substructions sont tellement élevées que le monument nous apparaît comme posé sur un monticule. Rien ici n'a été négligé pour donner au peuple romain l'idée de sa puissance, de sa richesse et du haut degré de civilisation où il était parvenu. Rien aussi ne fut épargné pour capter ses suffrages, endormir ses révoltes, contenter ses caprices et consolider la tyrannie qui le menait peu à peu à la chute irrémédiable.

Les bains occupaient une partie importante des Thermes. Mais on y trouvait aussi réunis bien d'autres éléments d'attractions : des bazars, des buffets, des tavernes, des théâtres, des gymnases pour la lutte et la course, des palestres entourés de portiques, des bibliothèques. Le monument était couronné de terrasses. De là, les promeneurs pouvaient contempler à toute heure de jour et de nuit le panorama de la Ville Éternelle et, à l'opposé, les perspectives fuyantes de la Campagne romaine et de la via Appia bordée de ses orgueilleux et solennels tombeaux. Les ruines amoncelées sur un immense espace, la majesté des pylônes et des fragments de voûte qui se dressent encore dans les airs, les énormes chapiteaux écroulés sur le sol, nous aident à saisir la grandeur écrasante de ce plan gigantesque dont les constructions couvraient vingt-cinq mille mètres de superficie et dont l'enceinte avait trois cent trente mètres de côté.

Quant à la décoration, elle dépassait en splendeur celle même des palais des Césars. Nous pouvons nous en faire une idée par trois chefs-d'œuvre de l'art grec qui ont été trouvés dans les ruines : la *Flore*, l *Hercule* et le fameux groupe du *Taureau Farnèse* qui rayonnent au musée de Naples.

Les trois principales et vastes salles des Thermes, le *Caldarium,* le *Tepidarium* et le *Frigidarium,* qu'éclairaient d'en haut de grandes baies cintrées, s'affirment visiblement dans l'axe du monument. Ce cadre colossal et raffiné convenait bien aux ébats du peuple-roi, maître de l'Univers, qui allait perdre son énergie et sa domination mondiale dans les délices d'une vie de plaisir et de volupté, rançon de toutes les gloires d'antan.

La Rome antique et la Rome chrétienne, superposées ou juxtaposées, se pénètrent singulièrement. La découverte des vestiges du passé est ici rarement simple et nous montre souvent réunies dans le même espace les traces des deux civilisations. Nous en avons le captivant témoignage dans les nouvelles fouilles faites au Forum.

Entre le temple de Castor et le palais des Vestales, sous les voûtes fleuries du Palatin, dans une cour d'entrée du palais de Caligula récemment déblayée, on a vu surgir tout à coup les restes d'une basilique des premiers temps chrétiens qui s'y était comme incrustée.

Depuis le treizième siècle cette même place était occupée par l'église de Sainte-Marie Libératrice, dépendante d'un couvent fondé par les Bénédictins, qui appartint ensuite aux Oblats. Sans caractère d'art, presque abandonnée, elle fut expropriée et démolie lors des fouilles dirigées par le célèbre archéologue Giacomo Boni. C'est grâce à la disparition de ces constructions parasites que le sanctuaire primitif se. révéla pour ainsi dire sous nos yeux, nous donnant la joie rare de voir une basilique chrétienne ayant conservé toute la simplicité et la saveur naïve des premiers siècles de foi.

D'origine incertaine, mais remontant peut-être au pape saint Étienne et au milieu du troisième siècle, elle fut particulièrement embellie par les papes des huitième et neuvième siècles, de Jean VII à Nicolas Ier. Un petit portique, pavé de marbres de couleurs, servait d'entrée. On y voit des traces de tombeaux comme les logettes des Catacombes et des fragments de fresques représentant des martyrs et des saints dans des médaillons.

L'intérieur est divisé en trois nefs par des colonnes de granit, portant de riches chapiteaux à feuillages, enlevées à des temples antiques. Les murs sont couverts de peintures assez bien conservées. Ces fresques forment une véritable anthologie de la peinture religieuse depuis les temps les plus reculés jusqu'au treizième siècle et sont l'objet de l'attention justifiée du monde savant. On y retrouve la Vierge archaïque byzantine assise sur un trône et richement vêtue, des figures de saints avec inscriptions verticales en lettres grecques, des épisodes de la vie de santa Giuletta et de San Quirico, un portrait du pape Zacharie, un grand crucifiement du neuvième siècle, dit-on.

Un portrait de donateur portant un petit modèle de l'église est accompagné d'une inscription dont la découverte a mis fin aux polémiques engagées pendant les fouilles au sujet du vocable qui consacrait l'église. Elle s'appelait *Santa Maria antiqua* et reste ainsi dénommée pour l'archéologie moderne. Enfin, deux grands sarcophages du quatrième siècle nous montrent les curieux symboles du Bon Pasteur, de *l'Orante*, du prophète Jonas et de l'Arche de Noé que l'on retrouve dans les peintures des Catacombes.

Du palais de Caligula au Sanctuaire chrétien librement ouvert au grand jour dans les ruines antiques, quelle succession de tragiques épreuves pour l'humanité! Quelle évocation entre ces murs qui ont vu la fin de l'orgie romaine et le triomphe de la parole du Christ sauveur! Longtemps nous rêvons et nous sommes tout émus en songeant à la longueur et à l'âpreté de la lutte, à tant de sang répandu, à l'incohérence des actions humaines, à la leçon de choses qui se dégage des ruines païennes et chrétiennes ici réunies.

Non loin du Forum, entre le Colisée et Saint-Jean de Latran, ces deux superbes témoins d'âges si dissemblables, nous rencontrons encore une de ces primitives basiliques bien touchantes dans leur archaïsme religieux. C'est l'église de Saint-Clément. Son existence est déjà signalée par saint Jérôme à la fin du quatrième siècle. Presque détruite par les bandes de Robert Guiscard, elle fut reconstruite au douzième siècle par le pape Pascal II sur ses ruines mêmes, mais avec une grande partie des éléments décoratifs de la première heure qui avaient survécu. La disposition générale originelle fut aussi respectée et nous retrouvons ici le petit portique extérieur à colonnes, les trois nefs sans transept, divisées par des colonnes antiques, l'abside avec l'arc triomphal et enfin le chœur surélevé. Un trône pontifical, des ambons, un autel couvert du baldaquin de pierre où l'officiant faisait face aux fidèles, des mosaïques datant de la reconstruction, complètent l'harmonieux ensemble. Sous l'église de Pascal II, le primitif sanctuaire reparaît en partie : des fouilles relativement récentes permettent d'y voir de curieuses fresques du cinquième au dixième siècle, très proches parentes de celles que Santa Maria antiqua vient de nous révéler.

Enfin, la Rome antique, qui ne se laisse jamais oublier, s'impose encore ici. Des fouilles plus profondes ont fait apparaître, sous les fondations paléo-chrétiennes, de larges murs en briques cimentées qui clôturaient un sanctuaire de Mithra du temps de l'Empire. Encore une fois le temple païen disparu a servi de piédestal au tabernacle de la nouvelle foi.

Quoique toujours entretenue et ornée de siècle en siècle, la basilique de Sainte-Agnès hors les murs, respectée dans son ensemble, nous garde aussi un précieux spécimen de l'architecture paléo-chrétienne. Nous nous y rendons en sortant de Rome par la Porta Pia, dernier témoignage du génie de Michel Ange à son déclin, et en suivant la Via Nomentana pendant un kilomètre.

Mais, quel spectacle lamentable s'offre à notre vue!... Sous la pioche sans pudeur des ingénieurs modernes, la route qui traversait la campagne semée de verts jardins se transforme en un large et brûlant boulevard. Il se borde d'affreuses bâtisses neuves et voit s'installer sur les décombres encore amoncelés les rails de l'utilitaire et banal tramway. Les beaux arbres de la villa Torlonia, couverts de poussière et de plâtre, semblent implorer la pitié du ciel en secouant tristement leurs branches défraîchies, et il nous faut évoquer bien vite la poétique légende de sainte Agnès et l'impression de beauté de son sanctuaire pour effacer cette cruelle vision.

Sainte Agnès appartenait à une famille patricienne de Rome. Déjà chrétienne, elle refusa d'épouser le fils païen du préfet Symphronius et fut martyrisée vers l'an 304, peu de temps avant la fin des persécutions.

La tradition rapporte que vingt-cinq ans plus tard Constantia, fille de Constantin le Grand, atteinte de la lèpre, vit en songe sainte Agnès qui lui ordonna de se convertir et de rechercher son tombeau. Constantia obéit et, guérie miraculeusement, obtint de son père de fonder une église sur l'emplacement du tombeau retrouvé.

La découverte de la sépulture de sainte Agnès dans des excavations profondes explique l'escalier de quarante-cinq marches que nous devons descendre pour aller du sol de la route au niveau de l'église, à travers de nombreux bâtiments claustraux maintes fois remaniés et dénaturés. Quant à l'église elle-même, elle fut fixée dans sa forme générale définitive par le pape Honorius Ier au septième siècle, sur les anciennes fondations.

Seize belles colonnes antiques séparent les trois nefs traditionnelles. Au-dessus des arcades, un étage formant tribune et soutenu par des colonnes plus petites se déploie autour de la nef et au-dessus de l'entrée. Cette disposition, imitée des temples antiques et très élégante d'aspect, est excessivement rare dans les basiliques chrétiennes : on ne la retrouve à Rome qu'à Saint-Laurent hors les murs et aux SS. Quattro Coronati. Rares aussi sont le revêtement en pierre et le trône épiscopal demeurés intacts dans le chœur, ainsi que le petit autel d'un des bas-côtés. Des mosaïques du septième siècle bien conservées rappellent le souvenir de sainte Agnès et du pape Honorius Ier.

Innocent VIII au quinzième siècle, de nos jours le pape Pie IX ont restauré, sans erreur de goût, ce sanctuaire privilégié où le premier art chrétien et la pure tradition religieuse s'unissent dans une pénétrante et suggestive émotion.

La basilique de Sainte-Agnès sert d'entrée à des Catacombes qui apportent encore ici un surcroît de pieux intérêt. Bien que moins importantes que celles de Saint-Calixte et sans peintures murales, elles ont cette grande supériorité de nous montrer, toujours intactes, presque toutes leurs logettes où dort inviolé le secret de tant de chrétiens, persécutés ou morts pour leur foi.

Rien n'est plus reposant, après la visite des monuments et des musées de Rome, qu'une excursion *hors les murs*. Sous nos regards émus et captivés, la Campagne romaine développe ses grandes lignes ondulées, mer de sombre verdure frottée de terre de Sienne, dont les vagues arrondies s'en vont mourir à l'horizon au pied de la ligne bleue des monts Sabins et Albins. Çà et là se profilent les grandes ruines

antiques, sévères silhouettes aux arcs
interrompus qui se découpent sur le ciel.
Clairsemés, des bouquets de pins parasols
aux troncs élancés en colonnettes, au feuillage compact, dressent leurs formes architecturales. L'atmosphère, toujours d'une
pureté sans pareille, enveloppe le paysage
tout entier dans une lumière fluide, dorée
ou argentée suivant l'heure ou le temps,
qui laisse aux lignes toute leur fermeté et
enlève toute dureté aux ombres merveilleusement transparentes. La qualité de la
lumière crée ici entre le ciel et la terre une
incomparable harmonie, qu'on ne voit nulle
part ailleurs à ce degré d'intensité, qui a
inspiré les grands maîtres comme Poussin
ou Claude Lorrain et qui a pénétré d'admiration les grandes âmes comme celle de
Chateaubriand.

Les anciens ont pu voir la *Campagna*
plus fertile, moins solitaire, plus affranchie
peut-être de la fâcheuse malaria que dans
les temps modernes. Ils n'ont pu y trouver
autant de charme mélancolique, autant de

sérénité dans les horizons, autant de calme silence après le tumulte de la grande ville. Les papes mécènes, les fastueux seigneurs de la Renaissance ne s'y trompèrent pas. Souvent, ils cherchèrent et découvrirent d'heureux sites pour y bâtir leur villa *hors les murs*, et c'est un attrait pour nous de contempler encore ici les traces de leur vie fastueuse et de leur goût raffiné pour toutes les manifestations de l'art.

En sortant de Rome par la Porta del Popolo, un court trajet sur la Voie Flaminienne nous conduit au vicolo dell'Arco oscuro que nous suivons jusqu'à la villa du pape Jules, un aimable exemple de ces petits palais des champs.

Au-devant de la villa s'étend une petite place ornée d'une fontaine monumentale que surmonte un grand cartouche armorié. Autour de la vasque usée où murmure le jet intarissable de belles eaux ravies à quelque antique et éternel aqueduc, se groupent, s'agitent des ânes, des mulets, des chevaux, des *contadini* drapés dans leurs grands manteaux sombres, des enfants bruyants, vêtus de loques pittoresques et buvant l'eau limpide dans le creux de leur main. C'est un charmant tableau plein d'animation, et de couleur locale très accentuée.

L'aspect des choses ne devait pas être très différent du temps du pape Jules III. Ce pontife, qui voyait vieillir Michel-Ange, et disait « qu'il voudrait pouvoir ôter aux années qui lui restaient à vivre, pour ajouter à celles du grand artiste. », se piquait de science architecturale et se flattait de collaborer avec les maîtres qu'il employait. Recueillant ici les conseils de Michel-Ange, de Vasari, de Vignole et d'Annamati, Jules III nuisit par sa méthode éclectique au bon résultat final. Il règne dans l'ordonnance de la façade principale une visible hésitation et une incohérence de style qui, d'ailleurs, annonce la prochaine décadence.

La tradition indique cependant Vignole comme ayant présidé à l'exécution et, mal-

gré tout, la grande cour avec sa colonnade
en demi-cercle et ses arcades laissant voir
la seconde cour dite de la Fontaine, est
d'une charmante et libre composition. Très
séduisante aussi est cette seconde cour de
la Fontaine. Elle a deux étages : au milieu,
entourée de grottes, d'escaliers, de casca-
telles, une excavation demi-circulaire pleine
de fraîcheur et de mystère offrait tous les
agréments d'une sorte de *triclinium* d'été.

A l'intérieur il reste encore quelques
salles agréablement décorées par Zuccaro,
ainsi que le grand escalier où se conservent
bien des grotesques remarquables. On a
créé ici, en 1888, un petit musée des anti-
quités romaines datant des temps les plus
reculés jusqu'au sixième siècle avant Jésus-
Christ. Ce n'est pas sans étonnement que
nous admirons un crâne étrusque dont la
mâchoire est parée de magnifiques dents
en or parfaitement modelées. Les célèbres
dentistes américains ont donc des ancêtres
bien lointains?...

De jolies terres cuites grecques, vases

aux décors noirs ou rouges, statuettes
d'Apollon ou de Narcisse, des bijoux
curieux décelant leur origine orientale et
la plus haute antiquité, nous retiennent
attentifs, en nous révélant une fois de plus
la marche ininterrompue de l'art d'Orient
en Occident.

Reprenant la Voie Flaminienne et con-
tournant le massif des monts Parioli où
l'édilité de Rome prépare une agréable
promenade, nous traversons bientôt le Tibre sur le Ponte Molle d'antique et classique mémoire.

Toute l'histoire romaine s'évoque ici.
Dès l'an 200 avant Jésus-Christ, le pont
Milvius était jeté sur la large courbe du
Tibre qui couvre Rome vers le nord comme
d'un rempart naturel. C'est de ce côté que
devaient venir toutes les invasions et tous
les assauts, et ces lieux ont été le théâtre
des plus grands faits historiques. C'est là
que les Gaulois, terreur de la Rome nais-
sante, franchirent le fleuve protecteur.

C'est là que les Romains, écrasés à Cannes, s'attendaient à voir paraître Annibal et les Carthaginois. C'est là que Maxence vaincu se noya et perdit l'empire du monde au profit de Constantin le Grand, protégé miraculeusement par la Croix. C'est là que Guelfes et Gibelins, Souverains Pontifes et Césars allemands furent tour à tour vainqueurs et vaincus. C'est là enfin que le 20 septembre 1870, le pape Pie IX, abandonné par la France, fut dépouillé de son domaine temporel et que ses vaillants et rares défenseurs durent céder devant l'armée italienne prenant possession de Rome, capitale si longtemps convoitée.

Quels nouveaux événements tragiques l'avenir réserve-t-il encore à ces quatre arches qui, au milieu du pont historique, ont subsisté de toute antiquité?... C'est avec un respect superstitieux que nous considérons leurs vieilles pierres millénaires qui semblent railler dans leur pérennité la fragilité des choses humaines. En vain les statues, les écussons décoratifs se sont accumulés de Nicolas V à Calixte III et à Pie VII. En vain la tour massive de la tête du pont s'est transformée, depuis 1805, en un pompeux arc de triomphe. Ce sont ces vieilles pierres seules que nous voyons, mystérieux et impassibles témoins des évolutions mondiales qui nous font rêver...

Sur la rive droite du Tibre nous redescendons vers Rome par la Via Angelica qui longe le fleuve, au pied du Monte Mario, dentelé de hauts cyprès. C'est sur le revers nord de la montagne que s'étageaient les jardins, les terrasses, les escaliers, les fontaines de la villa Madama. Tout cela est dans un cruel état d'abandon et de délabrement, et nous regrettons amèrement la magnificence disparue de cet élégant séjour suburbain, véritable modèle du genre, qu'un grand effort d'imagination peut seul reconstituer maintenant.

Dans un site admirablement choisi, conçue, édifiée et décorée par les grands maîtres de la Renaissance pour les plus célèbres personnages du temps, la villa Madama fut un événement d'art considérable et le point de départ de beaucoup d'œuvres similaires.

Le cardinal Jules de Médicis, qui devint le pape Clément VII, le neveu du fastueux Léon X et le digne héritier des traditions de sa famille, en demanda les plans en 1516 à Raphaël. Celui-ci en confia l'exécution à Jules Romain, qui s'adjoignit Giovanni da Udine et Perino del Vaga, comme lui les élèves préférés du grand peintre d'Urbino. On prétend qu'Antonio da San Gallo ne fut pas non plus étranger à la libre et belle ordonnance de ce simple étage, décoré d'un seul ordre de pilastres, composé seulement de quelques pièces de grande dimension et posé sur une terrasse élevée formant socle, lui donnant tout son effet.

L'intérieur tombe en ruine, mais nous laisse encore saisir la belle disposition des motifs décoratifs ornant les voûtes. D'élégantes bordures de stuc les divisent en compartiments et médaillons variés et in-

génieusement combinés. Une des chambres
conserve les traces d'une délicieuse frise où
des enfants se jouent entre des candélabres
et des guirlandes de fruits. Partout nous retrouvons ici le souvenir des loges du Vatican
et du génie créateur de Raphaël, magnifiquement interprété par le pinceau de ses
disciples favoris.

Les travaux étaient en cours d'exécution
quand Clément VII, allié de Charles-Quint,
fit don de la villa à la fille naturelle de l'Empereur, Marguerite de Parme, qualifiée du
titre de *Madama*, et qui lui donna son nom.
Devenue Romaine par ses deux mariages
avec Alexandre de Médicis et Octave Farnèse, elle vint, après avoir gouverné les
Pays-Bas, se fixer et mourir à Rome, se par-
tageant entre son palais de la ville et la
villa Madama.

De la terrasse abandonnée, du haut des
degrés écroulés et rongés par les mousses,
nous oublions les profanations des hommes
en contemplant la nature immuable. Elle
étale sous nos yeux les merveilles d'un

paysage de grand style, que Raphaël a reproduit fidèlement aux *Stanse* dans le fond
de sa bataille de Constantin contre Maxence.
Au premier plan, la grande courbe du Tibre
franchie par le Ponte-Molle ; au second plan,
la vaste étendue de la *Campagna* qui ondule
jusqu'à la ligne des montagnes Sabines bar-
rant l'horizon lointain. La chute du jour
s'accompagne d'un grand silence, le soleil
prêt à disparaître enveloppe tout d'une
auréole d'or fluide d'une impressionnante
beauté et nous avons un instant l'intense
vision des splendeurs évanouies.

*Du lundi 2 mars au vendredi 6 mars.
Naples.* — Comme Annibal à Capoue, nous
nous oublierions volontiers à Rome. Nous
devons faire appel à toute notre raison
pour nous arracher, non sans déchirement
de cœur, au séjour si captivant de la Ville
Éternelle et pour suivre rigoureusement
notre programme en prenant la route bien
connue de Naples. Nous y arrivons à la
nuit close. Le temps est à l'orage et l'air

est étouffant : somnolents et cahotés sur les larges dalles des rues encore animées, nous parcourons le très long trajet de la Gare Centrale à Parker's Hôtel. Après les bruyants quartiers, c'est bientôt une sorte de faubourg silencieux. Les maisons s'espacent, les jardins ombragés se multiplient au long de la route en lacets et nous avons la sensation d'arriver presque en un *home* suburbain, lorsque nous franchissons le seuil de notre nouveau gîte.

Le petit hôtel Parker, d'aspect discret, bien fréquenté, confortablement et presque élégamment meublé à l'anglaise, est posé à mi-hauteur entre la ville et la superbe chartreuse de San Martino, en bordure du Corso Vittorio Emanuele. Nous en apprécierons demain tout le charme. Ce soir, à cette heure trouble de l'arrivée tardive, énervés par l'orage qui nous plonge dans la plus profonde obscurité et éclate bientôt sous forme de cataractes diluviennes, nous ne voyons rien et nous nous armons de patience en cherchant le repos qui nous fuit.

Un merveilleux spectacle nous attend le matin au réveil. Notre hôtel est comme suspendu au bord du Corso tracé en corniche tombant à pic au-dessus de la ville. Aucun obstacle n'arrête notre regard : du balcon de notre chambre nous embrassons d'un coup d'œil la courbe immense de l'incomparable baie. D'Ischia à Capri, comme les perles d'un précieux collier cerclant l'azur de la mer, se pressent les blanches maisons de Naples, de Portici, de Torre del Greco, de Torre dell'Annunziata, de Castellamare. A gauche, le cône fumant du Vésuve isolé et menaçant. Au fond, les montagnes rocheuses qu'escaladent les bois de citronniers et d'orangers, nids de verdure où se blottit Sorrente. Quel décor de féerie sous le soleil qui monte dans la limpidité d'un ciel immaculé! Que de souvenirs s'éveillent en nous! Quelle joie de revivre les jours passés d'inoubliables sensations!

Nous voilà tout de suite errant par les rues. Nous y retrouvons la vie intense, exubérante, bruyante. Elle nous enveloppe, elle nous entraîne, elle nous force à la regarder dans ses manifestations les plus outrées. Malgré toute résistance et toute réserve, elle nous désarme par sa gaieté goguenarde, par sa bonhomie très subtile. Elle nous fait accepter son cynisme choquant, son étalage de loques bariolées, de cuisines et de détails vulgaires de la vie intime débordant sans vergogne, portes et fenêtres ouvertes, jusqu'au milieu de la voie publique. Nul peuple ne sait se parer de ses tares comme le peuple napolitain. Nulle part les haillons et les déchets de la vie misérable n'ont une allure aussi pittoresque. Mais il faut que tout cela se baigne dans l'auréole magique d'un soleil éblouissant sous peine de sombrer dans la plus noire mélancolie. Naples sans le soleil n'est plus qu'une ville agitée sans raison, bruyante sans harmonie, mal tenue et répugnante en ses ruelles populaires et qui laisse voir toutes les conséquences d'une insouciance séculaire et d'une incurable paresse quasi nationale.

Aussi nous nous gardons de nous priver de la collaboration du soleil en nos promenades par la ville. Dès qu'il brille, au galop des petits chevaux endiablés et caparaçonnés magnifiquement, nous la parcourons de nouveau en tous sens, de la Chiaja à la rue de Tolède, du Palais Royal à Capodimonte, du fort Saint-Elme à la Porta Capuana.

Cette porte est une des rares œuvres d'art monumental que possède Naples. Encore dut-on en chercher l'inspiration au dehors. Alphonse d'Aragon fit appel au génie inventif du Florentin Giuliano da Majano qui, vers 1484, éleva entre deux tours un arc encadré de colonnes, avec frise et attique, d'une élégance et d'un équilibre parfaits. C'est une des plus belles portes de la Renaissance. Naples n'a rien de comparable à montrer en ce genre, pas même l'arc de triomphe d'Alphonse, très endommagé, que le Milanais Pietro di Martino avait bâti en 1470 au Castel Nuovo et qui est d'ordre très inférieur.

Mais Naples, en son cadre unique où s'accumulent les merveilles de la nature, a-t-elle besoin de l'art pour nous séduire? N'est-ce pas une sorte de coquetterie de sa part de nous offrir par surcroît les richesses de son admirable musée avec ses superbes antiques, ses précieuses collections ravies aux fouilles du Vésuve? Ce n'est pas ici l'abondance écrasante des galeries du Vatican. Mais la curiosité la plus éveillée de l'artiste n'est-elle pas comblée devant les nobles et rares *Statues équestres des Balbus,* l'*Hercule* ou la *Flore Farnèse,* le *Mercure au repos* ou les révélations de la vie intime des anciens dans ses créations les plus délicates : bijoux, intailles, phiales ou statuettes? Toutes nos émotions d'art se réveillent devant ces chefs-d'œuvre du génie humain retrouvés.

La vie au dehors n'en reste pas moins la vraie vie à Naples. On s'y sent attiré par la douceur du climat, la beauté de la lumière, l'agitation dévorante et contagieuse de la population. Nous y revenons sans peine et nous varions nos impressions en faisant succéder aux courses mouvementées à travers la ville les flâneries au bord de la mer et les excursions autour de Naples.

Un après-midi, par la via Tasso, nous gagnons les hauteurs du Pausilippe où s'étagent les villas couronnées de verdure, filles modestes du superbe palais de l'épicurien Vedius Pollion, que posséda l'empereur Auguste. La résidence impériale a disparu, mais la nature n'a pas changé et l'immense panorama de la baie se déploie toujours en sa splendeur. Bientôt, de belles échappées sur le cap Misène et sur Ischia, baignées par les vagues azurées frangées d'argent nous montrent des perspectives virgiliennes où la légende antique s'évoque dans les lignes harmonieuses de la terre et des eaux. Nous redescendons par la Strada Nuova di Posilippo jusqu'à la mer et nous jouissons des dernières lueurs du jour au long des parterres fleuris de la Villa Nazionale. Le parfum des fleurs se mêle à l'âcre odeur des flots qui se brisent au bord des terrasses et dont l'écume s'évapore en poussière blanche au-dessus des verts bosquets. La promenade est devenue solitaire ; nous restons là charmés, retenus malgré nous en ce reposant silence si rare à Naples et nous nous y laissons surprendre par la nuit.

Mais nous sentons déjà que le farniente napolitain nous envahit rapidement. Il nous faut un certain effort de volonté pour nous décider à faire l'excursion du Vésuve par une magnifique journée que nous ne pouvons laisser passer sans emploi sérieux. Un certain respect humain de Parisiens sceptiques à l'égard de cette expédition trop vantée par les Guides nous arrêtait depuis longtemps, et nous craignions d'y rencontrer la fâcheuse et décevante banalité. Notre erreur était grande et l'intérêt n'y manque à aucun moment.

C'est en voiture et non par le chemin de fer, encore en construction, que nous gagnerons les hauteurs du volcan et nous ne le regretterons pas.

La route de Portici, que nous suivons en sortant de Naples, n'est qu'une suite des faubourgs. Sans interruption, les maisons s'alignent aux deux côtés de la route. Sans interruption aussi se continue la même agitation fébrile qu'aux ruelles les plus populeuses de l'intérieur de la ville. Les pâtes de macaroni sèchent sur les trottoirs. Les habitants y sont installés, vaquant à toutes leurs besognes intimes de vie ou de métier. Les marchands d'eau, de victuailles, de friandises, de poissons interpellent les passants de leurs cris stridents, les voitures de toutes formes circulent avec fracas. Si le Corricolo n'est plus qu'une légende, les charrettes rurales, chargées de fruits et de légumes, recueillent toujours en chemin les piétons fatigués et secouent des grappes humaines au galop des petits chevaux empanachés et faisant tinter leurs sonnailles.

L'amusant spectacle se perpétue à travers Portici et Resina. Il se calme peu à peu à mesure que nous montons les premiers lacets de la montagne. Déjà, par places, émergent de larges plaques de cendre durcie; la verdure devient de plus en plus rare et bientôt nous sommes entourés de tous côtés par une mer de lave, vagues énormes figées dans leur stérilité grise, qui escaladent, bondissantes, les flancs du volcan. A perte de vue, elles s'élancent, se tordent, se chevauchent, s'arrondissent en dos de pachydermes monstrueux : étonnante image d'un fluide océan mué tout à coup en granit, témoignage séculaire de cataclysmes attardés des premiers âges de notre planète.

Le Vésuve était éteint depuis les temps préhistoriques. Strabon, qui écrivait pendant le règne d'Auguste, nous le décrit encore sous le riant aspect d'une montagne fertile, couverte de verdure, d'arbres fruitiers et de vignes. Ce n'est que sous Néron, en l'an LXIII de notre ère, qu'eut lieu la première éruption, bientôt dépassée en horreur par celle de LXXIX qui ensevelissait sous la lave brûlante et la pluie de cendres Herculanum, Pompéi, Strabies. Pline l'Ancien y périt en voulant l'observer de trop près et son neveu, Pline le Jeune, nous en a laissé un dramatique récit.

Neuf éruptions se succédèrent jusqu'au seizième siècle. Puis, elles s'arrêtèrent pendant près d'un siècle et demi, laissant la verdure naturelle et la culture des hommes reprendre possession d'une grande partie des terrains dévastés, et les villes du littoral se développer et se peupler dans une prospérité rapidement grandissante. Mais en 1631, une des plus terribles manifestations destructives du volcan vint anéantir tant d'efforts. Sept torrents de lave dévorèrent Boscoreale, Torre dell'Annunziata, Torre del Greco, Resina, Portici et ne s'arrêtèrent qu'aux premières maisons de Naples, après avoir fait trois mille victimes...

Cependant, toujours intrépides et inlassés, les habitants revinrent. Nouveaux

Phénix, les villes sortaient de leur linceul de cendres, comme Lazare de son tombeau, malgré les éruptions qui se succédaient presque sans répit. Il y en eut huit au cours du dix-huitième siècle et neuf pendant le dix-neuvième siècle, dont quelques-unes violentes et semant encore partout la ruine.

L'action réparatrice de l'homme ne s'arrêta pas pour cela : elle se montra vivante et encore plus énergique. Tant de ténacité, tant de courage à braver les forces déchaînées de la nature aveugle, nous apparaissent admirables en ces lieux désolés qui attestent toute la puissance et la grandeur du fléau. Ici, se révèle à nos cœurs émus la lutte éternelle de la vie toujours renaissante et de la mort toujours prête à frapper. Car le volcan n'est pas éteint et en ce moment même il est plus que jamais menaçant. Ne va-t-il pas, dans quelques mois, ajouter une page à ses funèbres annales et faire disparaître sous les flots de sa lave en feu la petite ville de Boscotrecase?

Mais aujourd'hui le soleil brille dans tout son éclat. Nous nous rappelons la sérénité inaltérable du Napolitain, son amour de la vie, son insouciance après le danger, et nous nous abandonnons tout à la joie de contempler, du haut des mille mètres que nous venons d'atteindre, l'unique panorama qui se déroule autour de nous. A nos pieds, les plaines verdoyantes de la Campanie bornées par la chaîne des Apennins qu'enveloppe une vapeur dorée; au loin, la nappe bleu et argent de la mer étendue jusqu'à l'horizon qui se confond avec le ciel sans nuages; au bord de la baie les innombrables foyers où s'abrite l'activité humaine; au-dessus de nous le cône escarpé du Vésuve qui incline sous le vent du nord sa noire écharpe de fumée. C'est une vision d'inexprimable beauté...

Il ne nous reste plus qu'à franchir la dernière pente du volcan, partie en funiculaire, partie dans la cendre amoncelée où nous attendent, embusquées, des troupes de porteurs faméliques. Ils fondent sur nous comme sur une proie. Sans avoir le temps de nous reconnaître, enfonçant jusqu'aux genoux dans la cendre brûlante qui laisse échapper des jets de fumée, nous nous sentons poussés, enlevés, transportés jusqu'au bord du cône par trois ou. quatre gaillards dont nous n'avons aucunement demandé l'aide et qui, sans rire, nous réclament deux francs par tête pour leur prétendue peine. Nous protestons : un représentant galonné de l'autorité apparaît soudain et nous affirme que nous ne pouvons nous soustraire à cette prétention. « C'est le tarif !... » Espérons que des temps meilleurs viendront et que quelque jour les impressions de l'infortuné touriste sans défense ne seront plus brusquement interrompues par cette grotesque et révoltante exploitation.

Très intéressante est en ce jour la vue du cratère. Un vent violent balaye toute la fumée d'un seul côté et laisse libre une partie du bord de l'immense cirque au fond duquel nous pouvons voir distinctement la *bouche* du volcan. Par intermittence, elle lance à une grande hauteur une énorme gerbe de vapeurs rouges chargées de scories et de pierres qui, semblable à un bouquet de feu d'artifice, retombe en pluie dans l'intérieur du cratère. Dans quelques jours, la gerbe s'agrandira, dépassera ces limites et, inondant tout le cône, en rendra l'accès impraticable. Nous avons donc été favorisés et nous avons bien choisi notre moment.

Nous regagnons les hauteurs du Corso Vittorio Emanuele sans perdre de vue le terrible Vésuve. La nuit venue, il projette dans le ciel sa lueur rouge inquiétante, phare mystérieux et trompeur que n'alluma point la main des hommes.

C'est de notre balcon de Parker's Hôtel que nous le contemplons une dernière fois. Nous y sommes toujours attirés dès que nous rentrons en notre chambre, et nous ne pouvons nous lasser de la magie du spectacle au décor toujours changeant, variant à l'infini dans la lumière du jour ou la pénombre de la nuit. Nous y sommes retenus aussi par les mille expressions de la vie populaire que nous distinguons dans les rues et sur les terrasses très habitées des maisons de la ville, au-dessus desquelles nous planons de très haut. Nous surprenons là ces jolies scènes de la vie privée, que René Bazin a si délicieusement décrites et que nous retrouvons dans leur réalisme plein de saveur, dénué de toute contrainte et de tout respect humain. C'est sur cette vision si souvent renouvelée et toujours nouvelle que nous allons quitter Naples à regret.

Samedi 7 mars. — Un train international relie directement, une fois par semaine, Paris à Palerme. Il épargne aux cœurs sensibles, tels que les nôtres, les affres de la traversée par mer. Nous en profiterons donc avec joie. Par malheur, ce train sauveur passe à Naples à une heure du matin; de plus, il a aujourd'hui une heure de retard. Nous trouvons longue l'attente en les vastes salles vides de la Gare Centrale, au froid dallage, aux colonnes de marbre de style pseudo-romain, qui ne nous offrent qu'une ironique et glaciale hospitalité.

Le repos relatif du sleeping nous a bientôt calmés et nous avons repris possession de nous-mêmes lorsque l'aube commence à colorer l'Orient d'un reflet rosé.

A ce moment, nous suivons exactement le contour de la côte de Calabre entre la montagne et la mer. Le soleil monte rapide et radieux. Ses chauds rayons font fuir les blanches vapeurs matinales qui disparaissent comme un voile léger emporté par la brise. Lorsque nous tournons le cap Vaticano, l'astre du jour triomphant inonde de lumière la côte de Sicile qui nous apparaît toute dorée, dominée par le cône superbe de l'Etna largement coiffé d'une haute mitre de neige. C'est dans ce décor féerique que nous nous arrêtons à Reggio, où le train tout entier glisse sur un large ferry-boat qui va nous faire franchir le détroit.

Sans secousses, nous fendons le flot d'un bleu puissant. La vague crêtée d'argent déferle autour de notre impassible bateau et l'antique Trinacria semble venir à nous dans toute sa splendeur. Quelle évocation en ces lieux enchantés qu'habitaient les dieux aux temps préhistoriques! Nous en oublions le présent. Les rives peuplées de la Calabre et de la Sicile, les blanches maisons de la petite ville de Scilla délicieusement groupées sur leur roc à pic au-dessus des flots, la silhouette majestueuse de Messine et de ses monuments, ses quais bordés d'une forêt de mâts pavoisés aux couleurs de toutes les nations, la pointe avancée qui porte le *Faro,* tout cela disparaît à nos yeux. C'est le périple d'Ulysse que nous suivons. C'est le rocher escarpé où se cache la grotte de Scylla menaçante, c'est le gouffre, au ras des vagues, de Charybde écumante que nous apercevons devant nous. C'est leurs rugissements couvrant le chant lointain des Sirènes qui résonnent à nos oreilles. C'est dans le *Port creux* que nous entrons avec le subtil époux de Pénélope, nous demandant si nous n'allons pas sentir la terre trembler sous les coups redoublés de Vulcain et des Cyclopes forgeant le fer aux entrailles de l'Etna.

La voix perçante et peu séduisante de la prosaïque « sirène » de notre ferry-boat fait fuir bien vite notre vision des temps fabuleux, en nous ramenant brutalement à la réalité. Nous nous retrouvons au milieu de la rade profonde, animée et bruyante, de la moderne Messine. Notre train quitte doucement le pont du grand bac et nous voilà roulant de nouveau sur la voie ferrée qui nous conduira sans interruption jusqu'à Palerme.

Cette route de Messine à Palerme est un enchantement. A notre gauche, les montagnes déroulent leur longue chaîne aux cimes rocheuses et déchiquetées. Elles embrassent dans leurs méandres arrondis des bois d'orangers et de citronniers, au sévère feuillage, qui s'étalent jusqu'au fond des vallées déjà verdissantes et fleuries.

Au long de la voie ferrée, les figuiers
d'Inde dressent leurs larges raquettes épi-
neuses et alternent avec les haies de géraniums géants, piquées de fleurs éclatantes.
C'est le printemps qui chante sous un soleil
resplendissant et qui réchauffe nos cœurs
de *forestieri* du nord.

Sur des pics isolés, au flanc de la montagne, surgissent de petites villes de rêve,
dont les maisons de même couleur chaude
que le rocher se confondent avec lui. Mystérieuses, elles sont à une longue distance
de la station qui porte leur nom. Elles
poursuivent, malgré la vapeur et le télégraphe, leur vie millénaire et lointaine :
nulle trace de grande route ne paraît y
conduire dans l'immensité du pays sans
aucune habitation. Comment y va-t-on?
Comment y vit-on? Rien ne répond au
voyageur, qui passe rapide et qui garde
l'impression à la fois angoissante et char-
meuse d'une vision de féerie.

Petites villes aux noms euphoniques,
Rometta, Mistretta, Castelbuono, ne vous

inquiétez pas de nous. Laissez-nous croire que les passions humaines vous épargnent en votre fière et haute solitude. Continuez, pour notre joie, à apporter votre part de beauté dans l'harmonie d'un paysage d'églogue, sur cette côte bénie, de beaucoup la plus luxuriante et la plus fertile de toute la Sicile...

A notre droite, nous ne perdons pas de vue le large ruban azuré d'une mer profonde qui limite l'horizon. Elle baigne tour à tour des rivages solitaires et des criques rocheuses où s'abritent de blanches cités, jeunes sœurs souriantes des villes plus sévères de la montagne. Le crépuscule tombe rapidement. Nous entrevoyons Cefalù avec sa haute cathédrale sarrasine, assise au pied d'un grand rocher qui surplombe la mer. Voici Termini, l'embranchement des chemins de fer du sud de la Sicile, et la nuit est tout à fait venue lorsque nous arrivons à Palerme.

A l'hôtel des Palmes, l'hôtelier-gentilhomme, M. R..., que connaissent tous les touristes du monde, nous reçoit avec sa légendaire courtoisie... Mais l'hôtel est comble et il ne peut nous offrir qu'une mauvaise chambre. Peut-être pourra-t-il mieux faire demain?...

En effet nous échouons dans les dépendances et non loin des offices. Mais nous sommes si fatigués de notre longue journée commencée à une heure du matin, que le bruit même de la vaisselle et de l'argenterie trop vigoureusement maniées ne nous prive pas d'un sommeil reparateur et bien gagné.

II

PALERME

Dimanche 8 mars. — Ce matin notre hôte a galamment tenu sa promesse. Nous voilà installés dans une vaste et belle chambre, sur la large via Stabile, en face d'un agréable square. Il est planté d'arbres et d'arbustes aux grandes feuilles découpées, palmiers, cactus, aloès : sa flore nous révèle tout de suite un nouveau climat et le voisinage de la terre africaine.

De notre balcon nous apercevons aux extrémités de la rue, d'un côté la nappe bleue de la mer, et de l'autre côté les crêtes

légèrement neigeuses de hautes montagnes.
Mais nous avons hâte de sortir et nous
gagnons la Marina, beau quai longeant la
mer, la promenade élégante des Palermi-
tains.

Comment résister à notre admiration
devant le décor splendide qui se déroule
sous nos yeux ?... Palerme, avec son port
plein de mouvement, de couleur et de bruit,
avec ses maisons blanches, ses clochers, ses
dômes, s'abrite au fond d'une baie de
courbe harmonieuse dont le croissant se
termine à l'ouest par le Monte Pellegrino
et à l'est par le Monte Catalfano. La ville
se prolonge dans la large vallée qui porte
le joli nom de Conca d'Oro et que ferti-
lisent de nombreuses sources intarissables
descendant des hauteurs. Des bois d'orangers et de citronniers l'enserrent et gravissent les premières pentes des montagnes
escarpées fermant l'horizon. Ce n'est pas
l'immense golfe de Naples aux lignes mollement étendues, aux montagnes lointaines,
au Vésuve fièrement isolé : c'est autre

chose. Les éléments du paysage sont plus ramassés, les montagnes plus pressées autour de la ville et de la mer, la végétation plus luxuriante et plus prochaine.

Mais ce qui nous frappe par-dessus tout, ce qui s'impose aux premiers regards séduits, c'est la sonorité unique des tons puissants qu'ici la nature a partout prodigués. L'azur limpide du ciel, le bleu indigo de la mer, le rouge brun des montagnes rocheuses, le vert sombre des bois d'*agrumi* ont une intensité que nous n'avons pas encore vue et qui évoque l'Orient.

Quand les avisés et hardis Phéniciens choisissaient cette baie privilégiée pour y jeter les premiers fondements de l'antique *Panormos*, ils pouvaient avoir la conscience de créer l'un des plus beaux ports du monde.

Sur les quais que nous parcourons nous sommes retenus par l'amusant spectacle des navires qu'on charge et décharge, des charrettes qui s'avancent à la file surchargées de sumacs, d'oranges au ton cuivré, de citrons, de limons, de cédrats, dont la note claire met des taches jaune d'or sur la foule bariolée et active.

C'est ici notre première rencontre avec les fameuses *carette* du paysan sicilien. Bien des fois elles attireront notre curiosité et nous fourniront d'intéressants éléments d'observation.

Toutes semblables, les *carette* sont attelées de chevaux, ânes ou mulets caparaçonnés d'oripeaux voyants, de cuirs brodés à l'orientale, de panaches se balançant au vent, de morceaux de glaces et de sonnailles. Elles font miroiter au soleil leurs sculptures rudimentaires, leurs peintures voyantes, leurs ferrures contournées supportant les hauts coussinets de l'essieu et surtout leurs quatre grands sujets qui décorent invariablement les deux parois latérales.

Le plus humble des campagnards siciliens se croirait déshonoré s'il ne possédait pas ce véhicule vraiment national, orné de ses quatre grands tableaux, objet de son choix personnel et longuement médité. Ce choix n'est pas absolument fantaisiste. Il est réglé par l'antique usage, une tradition très particulière, une singulière préoccupation de chevalerie et d'héroïsme. Il embrasse l'histoire mondiale tout entière, mais presque toujours dans ses manifestations les plus dramatiques, les plus tragiques.

Dans le choix de ces pages naïves le sentiment populaire accuse un éclectisme curieux. Ce sont d'abord les sujets antiques : le Cheval de Troie, l'Incendie de Troie, l'Enlèvement d'Europe. Puis viennent les sujets bibliques : Esther et Assuérus, Judith et Holopherne, Jésus au Temple, la Pêche miraculeuse. Voici les hauts faits des héros légendaires : Guillaume Tell, Malek-Adel, Christophe Colomb. Voici tout naturellement les grands actes de l'histoire locale : le roi Roger battant les Sarrasins, le roi Roger couronné dans une apothéose de splendeurs tout orientales, les Vêpres siciliennes. Voici même l'épopée

moderne de Napoléon I⁺ à Arcole et à Aus-
terlitz, ou bien, hélas! le désastre de notre
France contemporaine avec Napoléon III
rendant son épée sur le champ de bataille de
Sedan.

Mais ce qui prime tout, ce qui attire le
plus grand nombre, ce sont les *Gesta Dei
per Francos*. D'abord, les grandes légendes
de l'épopée carolingienne : Charlemagne et
ses Paladins défilant ou combattant, l'empereur Charlemagne couronné par le pape
Léon III, Roland à Roncevaux, Roland fu-
rieux sonnant de l'olifant, Roland pourfen-
dant les Sarrasins du tranchant de sa Duran-
dal, Ganelon trahissant, l'archevêque Tur-
pin bénissant. Puis les grandes prouesses de
la chevalerie française aux Croisades : Renaud combattant, Renaud aux jardins d'Ar-
mide, les Gestes du sultan Saladin.

Il faut voir là les traces ineffaçables
qu'ont laissées la conquête et l'occupation
des Normands. Ils ont apporté au moyen
âge le culte de tous les héroïsmes et de toutes
les générosités de la Chevalerie. Ils ont

délivré le pays du joug du Croissant. Ils
ont donné à la Sicile une période de magnifique prospérité et le peuple sicilien n'a
rien oublié. Pourquoi ces hautes traditions
de notre histoire sont-elles si lamentable-
ment perdues.chez nous?

La mémoire fidèle des Siciliens peut s'expliquer chez un peuple insulaire qui, malgré toutes les occupations successives de
l'étranger, conserve un fond de patriotisme
indestructible en ses limites géographiques
invariables. Mais ce qui a singulièrement
contribué à entretenir et perpétuer les
légendes, ce sont les théâtres de marion-
nettes. Il y en a dans toutes les grandes
villes de Sicile et jusqu'à neuf dans Palerme
seule. Tous sont extrêmement fréquentés.
Tous ont le même répertoire presque uni-
quement composé de pièces chevaleresques :
Charlemagne, Roland, les Paladins francs,
Renaud, les Croisés sont les immuables
acteurs. Le grand empereur Charlemagne
est surtout le héros préféré et toujours
applaudi. Comme le bon Don Quichotte de

la Manche, les grands et petits enfants siciliens se passionnent pour la belle Mélisandre captive chez les Maures et que son époux don Gaïfernos va délivrer sur l'ordre de Charlemagne, son père putatif.

Et puis sainte Rosalie, la toute-puissante et vénérée patronne de Palerme, qui dort aux grottes mystérieuses du Monte Pellegrino, ne descend-elle pas en ligne directe du grand empereur d'Occident? Tous les gamins de Palerme savent cela... et, signe bien caractéristique, ce sont toujours des chevaliers casqués, empanachés, brandissant épées et boucliers, qu'ils charbonnent sur tous les murs disponibles.

En quittant la promenade de la Marina, nous passons sous la porta Felice. Œuvre de la fin de la Renaissance et d'allure un peu baroque avec ses fontaines et ses statues, elle pare quand même cette entrée de la ville d'une élégante solennité. Par la porta Felice nous accédons à l'antique et large rue Cassaro (aujourd'hui Corso Vittorio Emanuele) qui trace avec la rue Macqueda le signe de la croix sur Palerme, la consacrant ville espagnole. C'est en effet sous le gouvernement des maisons d'Aragon et d'Espagne (de 1282, date des Vêpres siciliennes, à 1713) que Palerme prit peu à peu sa physionomie actuelle de capitale. Ses palais, ses grandes maisons décoratives, avec leurs fenêtres aux frontons coupés encadrant vases ou bustes, avec leurs larges cartouches armoriés et leurs balcons de fer forgé aux ventres saillants et arrondis, n'ont rien de normand ni d'italien et gardent la marque d'un nouvel art monumental apporté du dehors par les nouveaux souverains espagnols.

Au croisement des deux grandes voies de Macqueda et du Corso, toujours très fréquentées, les Quattro Canti forment une petite place octogonale. Elle est bordée par des maisons monumentales dans le style espagnol du dix-septième siècle, avec fontaines, pilastres et colonnes, statues de saints, des saisons, des rois d'Espagne dont les immenses écussons de marbre se détachent sur le ciel. C'est là le cœur de la ville. L'animation y est grande à toute heure, et à la fin de la journée les oisifs, les étrangers, les élégants y font les cent pas, séjournent sur les trottoirs, s'oubliant aux longues causeries et en flâneries interminables. C'est le rappel de la rue de Tolède à Naples et de la rue Tornabuoni à Florence. Mais l'impression que donne la foule n'est pas du tout la même. Ce n'est pas la nonchalance aimable et la gaieté tempérée des Florentins; ce n'est pas l'exubérance agitée et bruyante des Napolitains. C'est une modération de tenue et d'allure très frappante en ce pays méridional. La réserve et la discrétion semblent ici dominantes. Les passants se croisent sans hâte, marchent posément, prenant le temps de s'incliner ou même de faire une courte prière devant les nombreuses madones, autour desquelles brûlent sans interruption de petites lampes de chœur ou de grands cierges de cire.

Rapidement nous poursuivons notre course jusqu'à l'extrémité du Corso, tout au spectacle attrayant de la rue. Nous longeons le Duomo, dont nous ne voulons voir aujourd'hui que l'aspect pittoresque avec ses tours, ses coupoles, ses motifs mélangés d'architectures mauresque et latine, et nous atteignons le Palazzo Reale.

Il s'élève sur la grande place Vittoria, large plateau dominant la ville. D'abord forteresse construite, modifiée et augmentée successivement par les Arabes, les rois normands, les souverains de la maison de Souabe, il devient peu à peu, perdant son caractère féodal, résidence royale assez banale. Le grand donjon carré, dit Torre di Santa Ninfa, avec ses hautes murailles et ses longues ogives aveuglées, percées de rares ouvertures, atteste seul encore son origine médiévale.

A l'intérieur, une salle bien curieuse, dite la Chambre du roi Roger, a conservé sa décoration normanno-sarrasine. Des plaques de marbre, de gracieux encadrements de mosaïques polychromes sur fond d'or ornent encore les voûtes et les murs. Nous montons à l'Observatoire. De là, nous planons sur Palerme tout entière qui s'étale à nos pieds de la mer à la Conca d'Oro, du Pellegrino au Catalfano, baignée dans une auréole de lumière d'or : c'est un magnifique panorama.

Mais la Chapelle Palatine est là qui va nous faire tout oublier. Englobée dans les bâtiments du palais maintes fois dénaturés, elle a perdu le cloître qui l'entourait extérieurement. Mais l'intérieur est resté intact et livre à notre admiration une des œuvres les plus parfaites du génie humain.

Dans une synthèse éblouissante l'art oriental et l'art occidental se sont ici rencontrés. Les Byzantins ont fourni leurs colorations puissantes, leurs ors éteints, leurs matières précieuses, leur coupole. Les artistes arabes ont ingénieusement mis en œuvre ces éléments décoratifs, en y ajoutant par places leurs propres inspirations asiatiques. Notre belle architecture médiévale, enfin, a apporté le solide soutien de ses formes raisonnées, de ses lignes pondérées, de ses points d'appui logiquement répartis.

Les brumes et les sévérités du nord sont venues se fondre ici dans le rayonnement lumineux de l'Orient. Les arcs et les colonnades austères du douzième siècle normand se sont ici parés d'un revêtement d'or et de pierreries. C'est la pureté de la ligne et la richesse du coloris réunies dans une rare et superbe harmonie.

Nous nous arrachons avec peine à notre longue et muette contemplation pour étudier les détails de ce merveilleux sanctuaire dont les petites dimensions (trente-deux mètres sur douze mètres cinquante) n'ôtent rien à la grandeur de l'ensemble. La Chapelle Palatine est une basilique classique à trois nefs séparées par dix colonnes antiques de granit et de cipolin. Ces colonnes portent d'élégantes ogives arabes à cintre outrepassé et débordant largement l'abaque des chapiteaux finement ciselés. Le chœur exhaussé est surmonté d'une coupole sur pendentifs en trompe. Tous les murs sont entièrement recouverts de mosaïques sur fond vieil or d'une incomparable puissance décorative.

L'enroulement des frises et des dessins géométriques contourne de nombreux médaillons de saints et de grands sujets tirés de l'Ancien ou du Nouveau Testament, tels que l'*Arche de Noé*, le *Paradis terrestre*, l'*Histoire de Daniel*, l'*Entrée du Christ à Jérusalem*. La voûte de l'abside du chœur est, suivant la tradition, remplie par la grande image du Christ bénissant. La coupole s'orne des figures des quatre évangélistes, des prophètes et d'un Christ avec inscriptions grecques entouré d'un vol d'anges glorieux, aux ailes déployées, aux draperies somptueuses, d'une délicieuse invention. Partout l'archaïsme hiératique voulu est doublé d'une tendance vers le naturalisme libre et vivant, que souligne une technique de suprême habileté.

Le plafond droit de la grande nef est tout à fait arabe. Il est en bois, à caissons profonds en étoiles, avec arabesques, stalactites mauresques, inscriptions coufiques et donne l'impression d'un velum rehaussé d'orfrois et de délicates broderies.

Les murailles qui ferment les bas-côtés sont revêtues de dalles de porphyre et de cipolin, encadrées dans des frises d'émaux de couleurs de dessins mauresques. Le dallage est aussi de matières précieuses assemblées, comme dans les basiliques latines primitives.

Un haut candélabre de marbre très fouillé, une chaire et un siège royal en marqueterie de marbre ajoutent à la splendeur générale. Ce siège royal, posé sur une estrade au fond de la chapelle et en face du chœur, fut construit au quatorzième siècle par l'ordre d'Élisabeth, femme de Pierre II d'Aragon. Rappelant par sa forme le trône épiscopal des primitives églises, il étincelle d'émaux et de pierres rares incrustées.

Admirable expression d'art supérieur, la Chapelle Palatine prolonge jusqu'à nous l'émotion des grands artistes, des inventeurs de génie anonymes qui l'ont conçue. Les chauds rayons de leur inspiration venue à la fois d'Orient, du Moghreb et du nord, nous pénètrent encore à travers les siècles et nous voulons aujourd'hui rester sous le charme de cette unique vision de beauté.

Lundi 9 mars. — Cette nuit, la bourrasque soufflant du large a passé sur Palerme et poudré à frimas les cimes des montagnes. La neige fraîchement tombée semble d'argent sous les rayons encore voilés d'un pâle soleil. Mais les nuages fuient sous le vent et, bravant quelques giboulées attardées, nous pouvons suivre sans encombre le flot pressé de la foule dans la rue Macqueda.

C'est encore l'art normanno-sarrasin qui va nous retenir aujourd'hui par ses manifestations pleines d'imprévu. Non loin des Quattro Canti nous gagnons une petite place solitaire où se groupent deux églises, San Cataldo et Santa Maria dell' Amiriglio, toutes deux désaffectées.

San Cataldo n'est, à vrai dire, qu'une chapelle par ses dimensions. Mais, quelle

évocation suggestive! C'est une petite
mosquée qui se dresse devant nous dans la
pureté de son architecture sarrasine. Les
hautes murailles, à peine ornées de longues
ogives aveuglées et montrant quelques
rares ouvertures, soutiennent une terrasse
sur laquelle sont posées trois coupoles
orientales. Bâtie en 1161 par Guillaume Ier,
l'église était enrichie à l'intérieur d'une
belle décoration byzantine de mosaïques et
de marbres, ainsi qu'en témoignent quelques restes d'un beau pavage de couleur.
Tout le luxe d'Orient a disparu. Mais le
solide apport de l'art normand du douzième siècle reste entier et s'affirme dans
les fermes lignes des trois nefs terminées
par des absides et dans les élégantes dispositions des trois coupoles. Elles sont soutenues par une série d'ogives ouvertes
surhaussées et retombant sur des colonnettes de marbre. C'est du plus gracieux
effet.

Tout proche, le sanctuaire plus important
de Santa Maria dell' Amiriglio fut fondé

en 1140 par le célèbre amiral Georges d'Antioche, qui commandait la flotte du roi Roger. Il employa là les dépouilles opimes dues à ses nombreuses victoires et semble avoir voulu rivaliser avec la Chapelle Palatine elle-même.

Une tour à trois étages, formant campanile et percée de baies ogivales lancéolées et géminées, garde encore une allure monumentale. Le reste de la décoration extérieure a presque entièrement disparu. Il ne subsiste sur la façade qu'une frise où est gravée, à la manière arabe, une dédicace à la Vierge Marie. Le donateur y montre une humilité que dément la forme pompeuse et tout orientale de l'inscription. Les tremblements de terre ont détruit ici beaucoup de choses; mais la main lourde de l'homme a aussi passé par là. En 1437, le roi Alphonse d'Aragon donnait l'église au couvent de femmes appelé la *Martorana* et l'œuvre exquise de style normanno-sarrasin disparut successivement sous les altérations barbares qui ne cessèrent pas jusqu'au dix-huitième siècle. De cette dernière époque nous voyons toute une partie de l'église agrandie décorée de fresques et de guirlandes de style rococo du plus triste aspect à côté de beaux restes de mosaïques et de pavages byzantins. Comme la Chapelle Palatine, de grands sujets en mosaïques, encadrés de frises, offraient le plus grand intérêt. On y voyait, entre autres, le pieux amiral prosterné aux pieds de la sainte Vierge et le roi Roger II couronné par la grande figure du Christ. Le dallage, en porphyre de couleur, entouré d'une riche bordure, semblait un magnifique tapis étalé. Si les débris sauvés de la ruine nous permettent de reconstituer par la pensée la beauté de l'ensemble, ils nous révèlent ce que nous avons perdu et nous font amèrement regretter l'aveugle profanation des splendeurs passées.

A proximité du Palazzo Reale, dans une petite rue écartée et silencieuse, c'est une joie encore de rencontrer les restes d'une église du douzième siècle, dépendant du

couvent de San Giovanni degli Eremiti, où
les personnages attachés à la cour venaient
dormir leur dernier sommeil. Ici encore
apparaît la maîtrise des artistes arabes
appliquant plus que partout ailleurs la formule architectonique de l'art musulman.
Toute trace extérieure de l'église chrétienne
a disparu sous l'apparence de la mosquée et
nous voyons ici se dévoiler tout entière l'influence triomphante des artistes orientaux
sur l'âme émue et séduite de leurs conquérants normands. Dans un tel cadre, c'est
sans effort que nous nous représentons le
roi Roger II, inaugurant en 1132 le sanctuaire de Saint-Jean des Ermites, revêtu
du caftan de soie brochée et portant au
côté le sabre recourbé des émirs.

Sur un plan en forme de croix égyptienne,
des murailles lisses s'élèvent, à peine percées de quelques rares et petites ouvertures. Deux grandes coupoles, sans ornements et recouvertes d'un enduit d'un ton
rouge sombre, couronnent la nef. Le chœur
et ses deux ailes, formant les trois absides

classiques, supportent trois autres coupoles analogues plus petites. L'aile de gauche, surélevée par quatre grands arcs d'ogive aigus et ajourés, se dresse en élégant campanile au-dessus de l'église.

Pour ne pas détruire l'impression de cette évocation orientale, il ne faut pas pénétrer dans l'intérieur du monument complètement délabré et sans trace de décoration. Un délicieux petit cloître du treizième siècle, adossé à l'église, nous attire d'ailleurs tout de suite par la grâce de ses ogives retombant sur de fines colonnettes, aux chapiteaux pleins de fantaisie. Quelques parties du cloître se sont écroulées. Mais la nature s'est chargée de parer magnifiquement l'œuvre d'art victime de l'indifférence des hommes. Les lauriers, les mimosas, les palmiers s'enchevêtrent dans l'enclos abandonné, les fleurs s'épanouissent au pied des vieux socles de pierre. Les lianes verdissantes, les rosiers ouvrant leurs premiers boutons, grimpent autour des arcs brisés. C'est un enchantement pour les yeux, un repos de tout l'être en cette solitude qui parle à la fois de la mort et de la vie et que rien ne vient troubler. Le vieux gardien à la grande barbe blanche, d'allure presque monacale, passe discrètement au loin sous les arceaux et nous laisse tout entiers à notre contemplation méditative que nous nous plaisons à prolonger.

Nous sortons de notre rêve en retrouvant le mouvement et la vie à l'entrée du Corso. Nous y retrouvons aussi une dernière et grande émotion d'art devant le Duomo qui déploie sa longue façade latérale, la plus intéressante, en bordure d'un riant jardin. De ce côté la cathédrale entièrement dégagée nous apparaît dans un merveilleux ensemble.

Le fastueux archevêque de Palerme, Gauthier Offamilio, parent du roi Roger II, la fit construire de 1160 à 1185 et la dédia à la *Santa Vergine Assunta*. Si la tradition de la grande basilique imposait ici sa structure générale et l'ampleur de son développement, toute liberté fut laissée aux artistes arabes d'en broder les motifs. Ils ne s'y épargnèrent pas et c'est avec une admiration croissante que nous découvrons les détails de leur liore ornementation, qui magnifie les lignes sévères de l'architecture du nord. Les corniches à toutes les hauteurs, les créneaux mauresques triangulaires, les ogives suraiguës aveuglées aux colonnettes accouplées, les quatre campaniles élevant dans les airs aux quatre coins de l'église leurs fines silhouettes aux angles arrondis de minarets, le beau porche si élégamment décoratif ouvrant ses trois ogives lancéolées entre deux pylônes couronnés d'un fronton, tout cela est couvert d'arabesques, de rinceaux, de frises géométriques d'une richesse, d'une variété, d'une invention tout orientales. Sous le soleil africain, à travers les feuilles des grands palmiers et des lauriers, c'est une apparition unique, une vision de cathédrale gothico-sarrasine où le rêve et la réalité se mêlent en une confusion malgré tout pleine d'harmonie et de séduction.

Devant l'entrée principale du Duomo, deux grands arcs formant pont franchissent la rue et le relient à l'archevêché. Ils s'y appuient à un grand beffroi à clochetons et à arcades du douzième siècle. Plusieurs fois remanié, il garde encore une fière et monumentale silhouette, qui ajoute sa note pittoresque à l'effet général.

Il n'en est pas de même de l'énorme coupole classique que le roi Ferdinand IV fit élever au-dessus du chœur, sur les plans de l'architecte Fernando Fuga, à la fin du dix-huitième siècle, au grand désespoir des Siciliens. C'est une de ces erreurs où la barbarie d'une époque ignorante éclate dans toute son horreur... Mais les merveilles accumulées ici nous permettent de faire abstraction de cette fâcheuse coupole, de l'oublier, de ne pas la regarder...

L'intérieur du Duomo a subi bien d'autres profanations. Le plan habituel comporte trois nefs terminées par des absides et séparées par des colonnes de granit d'Afrique, groupées par quatre, du plus

heureux effet. Mais, plus de mosaïques!
Plus de plafonds aux charpentes peintes!
Partout une décoration bâtarde, irration-
nelle, mélange de voûtes gothiques, de
piliers corinthiens, de corniches pompeuses
et baroques. Partout un terrible badigeon
qui noie tout dans son horrible unifor-
mité.

Les sévères *Tombeaux des rois*, comme
relégués dans un coin de l'église, semblent
s'isoler de tant de vandalisme. Le roi
Roger II repose là dans un sarcophage de
porphyre rouge, couvert d'un baldaquin
porté par six colonnes de marbre blanc. A
côté dorment l'empereur Henri IV et Constance de Normandie ainsi que leur fils, le
terrible Frédéric II. Mais ces froides urnes
de marbre, ces lourds mausolées de porphyre sans élégance, n'évoquent en rien la
mémoire des grands rois normands, des
somptueux souverains souabes qui, au
douzième et au treizième siècle, présidè-
rent aux exquises manifestations de l'art
siculo-normand.

Nous ne pouvons demeurer sur cette sombre impression. Bien vite, nous regagnons le beau jardin tropical et, à l'ombre légère des mimosas et des faux poivriers, nous nous arrêtons pour contempler encore une fois le monument de féerie dans toute sa gloire, dont nous voulons garder la vision.

C'est dans les petites ruelles populaires, dans les quartiers modestes ou pauvres de Palerme, du côté de l'est, que nous terminons notre journée. Comme dans les quartiers riches, nous sommes frappés de la dignité et de la réserve presque hautaine qui semble le caractère distinctif de la population. Si, comme à Naples, la vie intime déborde extérieurement et se laisse voir à travers portes et fenêtres ouvertes, si les linges et vêtements sèchent au soleil sur les balcons et les cordes tendues, il y a partout un désir manifeste d'ordre, de propreté et de bonne tenue, antithèse complète des mœurs napolitaines. Point de cris exagérés des marchands ambulants. Point d'exubérance bruyante des passants. Presque point de mendiants. Le Sicilien est plutôt triste et sobre. Il parle peu et le geste, le célèbre langage par signes rapides et comme furtifs, les jeux expressifs de la physionomie suppléent souvent chez lui à la parole. Cette circonspection héréditaire, une solidarité occulte, la mystérieuse et indéfinissable *Mafia* qui fait de tout Sicilien une sorte de membre de société secrète, sont peut-être la conséquence des conquêtes ininterrompues, qui n'ont jamais laissé les autochtones sans maîtres et les ont noyés maintes fois dans le flot des conquérants étrangers s'établissant chez eux. Difficile fut toujours pour eux la vie, et leur mélancolie laborieuse n'est pas sans imposer quelque respect.

Ils s'accommoderaient peu d'ailleurs d'une curiosité indiscrète. C'est sans insister que nous jetons un regard dans les demeures ouvertes, où brille la petite lampe allumée sous l'image de la Madone, rappel millénaire de l'autel des dieux lares chez leurs ancêtres grecs.

Mardi 10 mars. — Cette nuit la tempête a redoublé de violence et c'est une journée incertaine et orageuse qui s'annonce. Nous en profiterons pour visiter le Musée National, tout proche de notre via Stabile et dont l'intérêt nous fera vite oublier l'inclémence du temps.

Le Musée est installé dans les anciens bâtiments du couvent de Saint-Philippe et a bénéficié du calme et du recueillement qui accompagnent les lieux jadis consacrés à la retraite et à la prière. On pénètre d'abord dans un premier cloître de petite dimension, dont les arcades s'alignent autour d'un jardinet fleuri. Au milieu, une grande vasque de marbre s'orne d'un Triton soufflant dans une conque, œuvre très décorative du seizième siècle. Au long des galeries, de jolis débris de sculpture sicilienne : une porte gothique et de gracieuses colonnes provenant du palais Sclafani; des statuettes et bas-reliefs attribués à la dynastie des Gagini, sculpteurs adroits des quinzième et seizième siècles, dont les Siciliens sont très fiers et qu'ils gratifient un peu témérairement de toutes les œuvres qui leur sont parvenues de cette époque.

La deuxième cour, plus vaste, s'entoure aussi d'un cloître à arcades de style classique. Il encadre un frais parterre d'arbustes et de plantes tropicales. Les fleurs s'épanouissent en un charmant désordre, les lianes et les rosiers se suspendent en grappes folles aux angles des murailles et, dans le bassin du centre, au-dessus des roseaux et des nénufars, les hautes tiges des papyrus balancent leurs larges et élégantes ombelles aux rayons espacés.

En ce reposant milieu, les œuvres d'art retiennent facilement toute notre attention. Sous les galeries du cloître, parmi de nombreux fragments de sculpture sicilienne, se détachent de petits bas-reliefs grecs de l'époque archaïque. Nous admirons deux délicates figures : un *Jeune homme portant un vase* et une *Jeune fille dansant*. Leur libre et noble allure annonce le prochain épanouissement du grand art.

Dans la première salle du rez-de-chaussée où nous entrons, ce grand art nous apparaît dans toute sa beauté sous la forme du *Faune versant à boire*, trouvé à Torre del Greco : chef-d'œuvre de l'Ecole de Praxitèle, digne des galeries du Vatican.

A la suite, s'ouvre la salle des Métopes de Sélinonte, d'un intérêt capital. La ville grecque de Sélinonte, sur la côte sud-ouest de la Sicile, n'est plus qu'un monceau de pierres informes. Les guerres puniques et les tremblements de terre l'ont pour ainsi dire rasée et ses ruines sont en grande partie recouvertes par le sable amoncelé des dunes. De Palerme, le voyage est long et pénible et aboutit à une déception devant ce désert de pierres et ce spectacle de dévastation. Il est avantageusement remplacé par une visite au musée de Palerme où se trouvent rassemblées de superbes photographies à grande échelle, des fragments d'architecture et surtout la suite des précieuses métopes, mises au jour dans d'intelligentes fouilles pratiquées au commencement du dix-neuvième siècle.

Ces métopes appartenaient à trois temples différents et marquent les étapes de l'art dorique grec au cours du sixième siècle avant Jésus-Christ, jusqu'au seuil de la période triomphale à laquelle Périclès a donné son nom.

De l'époque la plus reculée sont les trois métopes qui représentent un *Quadrige et son conducteur, Hercule avec les Cercopes* et *Persée avec la Méduse*. Elles sont d'un style barbare et heurté. De la seconde époque, des fragments de métopes très dégradés laissent voir le *Combat des dieux et des géants*. Encore très grossières, les figures ont déjà plus d'action. Enfin l'art de la dernière période, à l'aurore du cinquième siècle avant Jésus-Christ, nous montre *Hercule combattant une Amazone, Junon avec Jupiter sur le mont Ida, Diane et Actéon, Minerve combattant un géant, une Nymphe que poursuit Apollon*.

Dans cette dernière série tout à fait

suggestive, on suit le rapide développement du progrès vers la nature et l'idéalisation des formes. Les parties nues des figures, rapportées en marbre, sont traitées avec un plus grand soin, les plis des draperies perdent leur raideur conventionnelle.et les mouvements sont plus librement exprimés. On songe ici aux beaux marbres d'Egine, à la Glyptothèque de Munich, qui annoncent les révélations prochaines de l'Ecole de Phidias.

Aux étages supérieurs, les salles du musée de peinture ne nous arrêtent pas longtemps et ne se recommandent par aucune œuvre de premier ordre. Une seule exception cependant : et ce n'est ni Antonello de Messine, dont les œuvres sont d'ailleurs bien rares, ni même un maître italien qui va sauver la médiocrité de l'ensemble. C'est un triptyque de la collection Malvagna qui a apporté jusqu'ici une des plus pures inspirations de l'art flamand.

Entre deux volets représentant extérieurement l'un *Adam et Ève* et l'autre *un pay-*

sage, et, à l'intérieur, *Sainte Catherine et Sainte Dorothée*, une délicieuse *Madone*, aux longs cheveux d'or déroulés, tient sur ses genoux l'enfant Jésus. Elle est vêtue d'une robe rouge et assise sur un large trône gothique. Deux groupes de petits anges se jouent à ses pieds. Les plus belles qualités de l'École sont ici rassemblées. La grâce naïve et mystique des figures, la fraîcheur et l'harmonie des couleurs, le fini de l'exécution qui ne nuit en rien à la beauté des lignes, font de ce petit tableau une grande œuvre, digne d'une admiration sans réserve. Nous nous y abandonnons sans nous soucier du nom de l'auteur, dont l'identité n'est pas fixée par la critique moderne, hésitante entre Jean Mabuse et Van Eyck.

Au premier-étage, la salle arabe nous montre, à côté de quelques pièces de terre émaillée et de bois sculpté peu importantes, un rare et magnifique spécimen de majolique orientale. C'est le grand vase hispano-mauresque, trouvé à Mazara del Vallo, foyer intense dès le neuvième siècle de la civilisation sarrasine sur la côte ouest de Sicile. De forme turbinée, à base élargie et à col évasé, il mesure plus d'un mètre de hauteur et il est rehaussé de dessins géométriques et d'arabesques d'or à reflets métalliques, se détachant sur le fond blanc d'ivoire. D'une suprême élégance, il s'équilibre par deux anses plates comme deux ailes ouvertes.

On ne connaît que deux vases de la même famille : celui de l'Alhambra, dernier survivant d'une série disparue, et le vase conservé à l'Ermitage, à Saint-Pétersbourg.

L'art exquis de la faïence à lustre métallique hispano-mauresque vient de Bagdad. Par la mer et le Moghreb, les Sarrasins le répandirent vite sur les côtes de la Méditerranée et jusqu'en Espagne, où les Maures fondèrent des fabriques à Valence et à Malaga. Le treizième et le quatorzième siècle virent l'apogée de cet art qui précéda et favorisa certainement l'apparition des belles majoliques italiennes du quinzième siècle.

C'est à Malaga que Mohamed ben Alhamar, roi de Grenade vers 1273, fit fabriquer les vases de l'Alhambra, qui ajoutaient le bleu à l'or métallique. Le vase de Mazara n'ayant point de bleu, nous pensons qu'il provient plutôt de la fabrique de Valence, qui usait beaucoup plus rarement de cette couleur.

La salle grecque nous réserve deux bronzes célèbres. Le premier fut découvert à Pompéi; c'est *Hercule et la biche Cérynite*. Le héros, aux muscles puissants, vient de forcer à la course, dans les forêts d'Arcadie, la biche aux cornes d'or, aux pieds d'airain, consacrée à Diane. Il pose un genou victorieux sur sa victime qui tombe épuisée : jolie harmonie des mouvements, exécution très vivante, où l'action violente reste visible sans troubler la noblesse générale des lignes.

Le second bronze a été découvert en Sicile. Il nous montre un grand *Bélier couché,* qui ornait, dit-on, avec son pendant disparu, l'entrée du port de Syracuse. L'art

grec, qui excelle à tout magnifier et déifier,
donne ici la synthèse de sa puissance créatrice. Il nous impose l'admiration non seulement par l'eurythmie qui se dégage d'une
impeccable exécution et de la sérénité, de
la force latente, de la noble attitude du
sujet, mais il fait disparaître à nos yeux le
vulgaire animal lui-même. Ce n'est plus un
bélier que nous avons devant nous, c'est
l'image d'un être surnaturel et immortel,
compagnon des dieux. C'est Poséidon transformé en bélier pour séduire Theophané.
C'est le bélier fabuleux qui emportera
Phrixos et Hellé dans les airs et dont la
dépouille superbe va devenir la Toison
d'or.

Nous sortons du musée transportés par
cette belle vision d'art supérieur. presque
inattendue en cette forme si simple dans
sa donnée première. Nous traversons de
nouveau les deux charmants cloîtres aux
jardins embaumés. La pluie a cessé; les
arbustes ruisselants renaissent sous les
rayons du soleil revenu. Il pare leur ver-

dure fraîche de milliers d'étincelles irisées :
c'est le sourire et la lumière après les
pleurs et la brume d'une maussade matinée.

L'après-midi, au hasard de la flânerie,
nous rencontrons quelques vieilles constructions, toutes d'allure espagnole, d'aspect farouche et évoquant la forteresse, abri
sûr dans les discordes civiles. C'est d'abord
sur la place Vittoria, en face du Palais-
Royal, le palais Sclafani, devenu hôpital.
Il montre encore sur sa façade un décor
d'arcades entre-croisées, tracées par des
marbres de différentes couleurs. A l'opposé
de la ville, près de la place Marina, c'est
le Palais Chiaramonti, qui appartenait au
quatorzième siècle à l'une des familles les
plus puissantes de palerme, rivale des
Sclafani, et qui est devenu le Palais des
Tribunaux. Non loin, dans la Via Allori,
voici le palais Abbatelli du quinzième siècle, qui déroule au-dessus de sa porte une
devise espagnole. C'est actuellement un
couvent de femmes. Tout proche, la Gan-

cia, couvent d'hommes, dresse dans la Via Quattro Aprile, ses grandes murailles sévères et peu percées qui rappellent l'insurrection sanglante de 1860.

Le soleil, qui continue à briller par intermittence, nous attire hors de la ville. Bientôt, nous commençons à gravir les premiers lacets du Monte Pellegrino. A nos pieds s'étale Palerme en son cirque d'azur et de verdure, panorama enchanteur, sans cesse renouvelé et dont on ne se lasse pas. Mais nous sommes vite arrêtés en notre élan. Ne sommes-nous pas sur la *Terre des dieux* et Eole, fils de Jupiter et de la nymphe Ménalippe, ne réside-t-il pas tout près d'ici? Il nous en fait souvenir, et du fond des grottes des Lipari il déchaîne la tempête qui s'avance rapide, poussant devant elle une armée de nuées sombres et basses. C'est la nuit. Nous fuyons et nous franchissons le seuil de l'hôtel des Palmes au moment précis où les cataractes du ciel se déversent en une pluie diluvienne.

Mercredi 11 mars. — Une splendide matinée, après l'orage de la nuit. Le ciel, sans un nuage, semble une immense turquoise cerclée d'or par les crêtes neigeuses des montagnes qui reflètent les chauds rayons du soleil. Un souffle de printemps nous pénètre et nous entraîne vers le palais d'Orléans, dont le magnifique parc de soixante hectares amène jusque dans Palerme les enchantements de la Conca d'Oro. Le possesseur actuel est Mgr le duc d'Orléans, héritier de son oncle le duc d'Aumale. Sur la gracieuse recommandation de M. le comte de Ch...y, c'est M. E..., le très distingué *Représentant de Mgr le duc d'Orléans*, qui veut bien nous accueillir et nous accompagner dans notre visite.

Le palais d'Orléans n'est, à vrai dire, qu'une grande maison familiale. De vastes pièces fraîches et claires; point d'objets d'art; seulement de précieux souvenirs de la vie intime, provenant de la maison des Deux-Siciles et de nombreux portraits parmi lesquels nous admirons une grande

et belle photographie de Mgr le duc d'Orléans faite tout récemment.

La mémoire du duc d'Aumale demeure
tout particulièrement vivante et respectée
dans le *Cabinet de travail,* qui, par une ironie des choses humaines, est garni de très
beaux meubles Empire d'une large exécution
et ornés de bronzes dorés finement ciselés.
Avec émotion, notre cœur de Français
évoque ici l'image du dernier châtelain de
Chantilly, que nous avons eu le grand honneur d'approcher et de voir dans son cadre
de prince, d'historien et de soldat, qu'il
remplissait si bien de sa haute personnalité.

Le duc d'Aumale aimait à venir chaque
année passer quelques semaines en son
palais de Palerme et ses terres de Zucco.
Il y trouvait le calme et le repos d'esprit et
se plaisait à y vivre en grand seigneur terrien. Il apportait là les rares facultés de
son intelligence jamais inactive et ouverte
à toutes choses. Ses domaines de Sicile
restent un modèle incontestable de parfaite
culture et de bonne administration.

Le temps passe vite à parcourir le parc.
Autour du palais, c'est un jardin de féerie.
On a réuni là toutes les essences des arbres
les plus rares de la flore tropicale : les ficus
gigantesques, toutes les variétés des palmiers et des dattiers, les bananiers, les
cocotiers, les caroubiers, les coraillers, les
néfliers du Japon. Partout c'est le renouveau. Les allées sont bordées de haies de
rosiers qui se couvrent de fleurs multicolores. Les lignes nuancées du rose au pourpre des hauts géraniums, les larges bouquets de camélias, les tapis de violettes, les
massifs de jacinthes, de silènes, d'hélio-
tropes chantent une merveilleuse symphonie
des couleurs et répandent autour de nous
de pénétrants parfums.

A la suite du jardin d'agrément, se déroulent les bois d'orangers et d'*agrumi* de
toutes sortes. Ils étalent au loin dans la
coupe de la Conca d'Oro leur sombre verdure, où éclate la sonorité des fruits d'or.
La récolte des oranges est terminée et ce
sont maintenant les citrons, les limons, les

cédrats qu'une armée de jardiniers commencent à cueillir. Les arbres, admirablement entretenus, sont l'objet de soins constants : une savante irrigation étend partout le réseau de ses canaux et, plusieurs fois par an, on creuse au pied de chaque arbre un vaste bassin qu'une eau abondante vient remplir. Le dessous des futaies est recouvert d'une herbe courte et frisée, venue d'Afrique. Ce tapis de verdure luxuriante entretient une fraîcheur permanente et égaye d'une note claire la sévérité du feuillage, d'un vert de bronze et très serré.

La courtoisie et la bonne grâce de M. E... ne sont point lassées par notre admiration prolongée et la magnifique gerbe fleurie qu'un jardinier remet à Mme E. R..., au moment du départ de notre voiture, nous permet d'emporter avec nous les senteurs embaumées du paradis que nous venons d'entrevoir.

Les émotions d'art et les impressions de nature, accentuées par un radieux soleil, ne nous manqueront pas cet après-midi.

Nous sortons de Palerme par la Porta
Nuova, une des deux portes fortifiées qui
flanquaient autrefois le Palais Royal et
défendaient l'entrée de la ville. La Renaissance s'est efforcée d'apporter à la sévérité
de la forteresse la parure de ses formes
architecturales. L'arcade très élevée de la
porte est accompagnée de hauts pilastres
couronnés par un large entablement. Au-
dessus se développe une agréable loggia,
dont les cinq arcs retombent sur de fines
colonnettes.

Tout de suite après, les faubourgs. Les
maisons basses s'espacent et s'entourent de
délicieux jardins. La luxuriante végétation
de la Conca d'Oro se dévoile, et la fraîcheur
de la verdure révèle partout un sol abon-
damment arrosé par mille sources bienfaisantes et invisibles. Ces lieux furent jadis
parc royal et plusieurs résidences d'été y
furent construites par les rois normands.
La première que nous rencontrons sur notre
chemin, c'est la Cuba que Guillaume II
élevait en 1180. Les nombreux bâtiments

militaires d'une caserne ont effacé toute trace des beaux jardins d'antan et cachent maintenant l'ancien palais.

A l'extérieur, c'est un énorme cube de maçonnerie aux murs de forteresse et que couronnait une grande coupole disparue. L'intérieur a subi toutes les profanations. A peine quelques restes bien dégradés de voûtes à arabesques, de stalactites mauresques enfumées et brisées, nous laissent-ils deviner qu'ici encore l'art musulman avait imposé sa maîtrise et sa somptueuse décoration tout orientale.

C'est un jeune volontaire distingué et bien tenu qui nous guide. Sa mine discrètement souriante semble nous exprimer le regret d'avoir si peu de choses à nous montrer et le désir de nous en dédommager par sa politesse silencieuse et très sicilienne.

Nous remontons en voiture jusqu'à la Villa Tasca, à une demi-heure de Palerme. Le comte Tasca, un des plus célèbres agronomes de Sicile, a fait revivre ici les jardins légendaires des souverains normands. C'est, comme autour du palais d'Orléans, une évocation des paysages tropicaux. L'ombre de Bernardin de Saint-Pierre hante ces lieux et l'on s'étonnerait à peine si, au détour d'une allée, sous les hautes et larges feuilles de bananiers formant de mystérieux bosquets, on surprenait dans la pénombre le groupe enlacé de Paul et Virginie...

Un ruisseau murmurant ondule au fond d'un minuscule vallon. Ses eaux argentées et fraîches s'étendent en façon de lac autour d'un roc à pic, sur lequel se pose un *tempietto* classique. Des cygnes passent et repassent majestueux et lents. Sur les rives s'enchevêtrent les papyrus, les roseaux, les bambous, les nénufars. Les dattiers et les palmiers dressent plus loin leurs grandes gerbes au feuillage élégamment découpé. La solitude est complète : nous sommes ravis et nous nous figurons un instant que pour nous seuls vient d'apparaître ce décor des Mille et une Nuits.

Après la Villa Tasca, la route commence

à gravir les lacets allongés qui mènent à Monreale. On a peine à se figurer qu'il y a peu d'années, une escorte de carabiniers était indispensable pour faire ce court trajet de deux lieues qui sépare Palerme de Monreale. La maison de Savoie avait fait de louables efforts pour détruire les bandes organisées de brigands, vivant encore en *outlaws* intransigeants. Chose curieuse, la dernière bande s'était réfugiée dans la montagne au-dessus de Monreale, à quelques kilomètres seulement de Palerme, dans un vieux château fort, le Castellaccio, perché sur un pic presque inaccessible.

Ces derniers brigands, entourés d'une sorte d'auréole par la légende qui donnait à leurs forfaits une allure chevaleresque, favorisés par la connivence des paysans toujours frondeurs de l'autorité, échappèrent longtemps à la répression. Il fallut un petit corps d'armée commandé par un général pour avoir raison de leur résistance.

Les amants du pittoresque, qui pouvaient rêver encore en ces parages quelque attaque imprévue, doivent se résigner... Mais n'a-t-on pas quelque motif de comprendre leur déception en voyant la sécurité du voyageur affirmée par l'inévitable tramway qui relie maintenant Palerme à Monreale?...

Par bonheur, notre voiture poursuit son chemin sans rencontrer aucun véhicule d'une modernité inquiétante et nous pouvons tout à loisir nous livrer à nos impressions.

La route est belle et s'élève rapidement au flanc du Monte Cuccio, mais la pente est rude. Un vice-roi compatissant, Marc-Antoine Colonna, qui la construisit au milieu du seizième siècle, l'orna de distance en distance de fontaines élégantes et monumentales, avec bancs et exèdres de marbre, où le voyageur pédestre peut se reposer en contemplant l'admirable panorama qui se déroule autour de lui.

La fertile Conca d'Oro étend ses verdures puissantes jusqu'au fond du cirque des montagnes crênelées et neigeuses. A l'opposé, Palerme étincelle en sa blancheur ensoleillée, couchée entre le Pellegrino et le Catalfano comme entre deux bras qui l'étreignent. La mer développe à ses pieds un large tapis dont la tonalité d'un bleu intense ferme l'horizon. Sur les pentes rocheuses s'accrochent les oliviers, les figuiers, les agaves. A côté de leur verdure claire, de hauts bouquets de pins parasols mettent leur note sévère. Dans ce cadre éblouissant, sur un promontoire qui semble la proue d'un immense navire fendant l'océan des bois de citronniers, nous apparaît majestueuse la silhouette de l'abbaye de Monreale. Le *Duomo*, dominant les bâtiments claustraux, dresse son haut chevet orné d'arcs entre-croisés et de disques sculptés, en marbres de couleur, d'aspect tout arabe. Ensemble merveilleux où la nature et l'art se fondent dans un parfait équilibre.

La beauté de ces lieux est parée d'une légende. Elle raconte que le roi Guillaume II le Bon, chassant dans son domaine de Monreale, s'endormit ici et vit en songe la sainte

Vierge. La ~~madone~~ lui ~~montrait~~ la place d'un ~~trésor caché~~ et lui ordonnait de le ~~consacrer~~ à l'élévation d'un sanctuaire à l'endroit même où il reposait. Quelle qu'en soit l'origine, l'abbaye de Bénédictins, fondée par le roi en 1174, se développa sur un plan des plus vastes. Rien ne fut épargné pour en faire un des plus beaux couvents de la Sicile et la cathédrale devint un des monuments les plus magnifiques de la période normanno-sarrasine.

L'entrée principale ouvre sur une petite place un porche à trois arcades entre deux tours, dont l'une est inachevée. C'est la disposition que l'on retrouve au dôme de Palerme, à Cefalù, à Amalfi. Malheureusement ici les belles ogives lancéolées et les arabesques du douzième siècle disparues ont été remplacées au commencement du seizième siècle par une ordonnance classique : trois arcs à plein cintre avec colonnes et entablement doriques. Il en résulte un disparate choquant avec l'ensemble du monument. La grande porte en

bronze, divisée en compartiments représentant des sujets bibliques, nous montre
cette inscription : *Bonannus civis Pisanus
1186*. C'est l'apparition de l'art de l'Italie
du nord en Sicile. Bonannus l'a transporté
ici tout entier sans se laisser influencer par
l'art oriental triomphant alors. Il n'en est
pas de même des deux portes latérales,
également en bronze, que Barisanus de
Trani exécutait à la même époque. Dans
les ornements, les rosaces, les encadrements des panneaux, les costumes et les
attitudes des personnages, on retrouve les
traditions byzantines et orientales.

Nous pénétrons dans l'intérieur de la
basilique. Grande est notre admiration
devant l'imposant effet des trois nefs terminées par des absides, qui se développent
sur un plan colossal ne mesurant pas moins
de cent deux mètres de long sur quarante
mètres de large.

C'est un éblouissement que la somptueuse décoration, amplification de celle de
la Chapelle Palatine. Dix-huit colonnes de

granit, couronnées de chapiteaux dentelés à larges abaques, soutiennent la retombée des fières ogives à cintre surhaussé. Partout les murs disparaissent sous les plaques de marbres rares, les arabesques, les mosaïques mariant les rinceaux aux scènes religieuses. Sur un fond vieil or, se déploie la souple et discrète harmonie des couleurs. On dirait de riches tentures suspendues au long des murailles, précieusement tissées d'or et de soie et rapportées des pays d'Orient.

La demi-coupole de l'abside centrale est décorée de la grande figure byzantine du Christ *Pantocrator*, bénissant de son geste hiératique et mystérieux. Au-dessous, trône la ierge, protectrice du couvent. La charpente de la toiture est apparente et ornée de peintures polychromes très restaurées.

Malgré l'ampleur et la beauté de cet ensemble, il nous faut cependant remarquer que les signes d'une évolution prochaine dans l'art siculo-normand sont ici manifestes. Quarante-deux ans se sont écoulés depuis l'admirable conception si complète de la Chapelle Palatine. Déjà, nous l'avons vu, vient de se produire à Monreale la collaboration des sculpteurs du nord de l'Italie; nous constatons à regret l'absence de la coupole byzantine, du plafond à stalactites et à caissons. Les sujets des mosaïques, la facture des ornements trahissent une certaine maladresse, certaines fautes de goût dans les détails. Tout nous avertit qu'une école d'artistes locaux s'est formée peu à peu, remplaçant les artistes arabes et grecs, inventeurs de génie de la première heure, et que le style si caractéristique dû à la rencontre de l'art d'Orient avec l'art occidental a déjà donné toute sa fleur.

L'art sicilien gardera encore ses formes normanno-sarrasines, plus ou moins altérées, jusqu'au milieu du treizième siècle, avec les Hohenstauffen. Mais il ne tardera pas à perdre son originalité par les influences italiennes d'abord, et ensuite à devenir très vite franchement espagnol sous la domination de nouveaux conquérants.

Toute la beauté originelle, tout le charme séducteur du style siculo-normand éclatent encore dans le cloître resté intact au milieu des bâtiments ruinés de l'abbaye bénédictine. Les ogives élancées des arcades retombent sur deux cent seize colonnes accouplées deux à deux et par quatre aux quatre angles. L'imagination orientale et l'inspiration du style roman du nord ont rivalisé pour produire, dans la forme générale et dans les détails, une œuvre précieuse, épanouissement suprême d'une expression d'art qui n'ira pas plus loin. Les colonnes sont variées à l'infini : aucune ne ressemble à sa voisine. On dirait que chacune d'elles est sortie isolément de la pensée créatrice de son auteur, comme une délicate *cire perdue* qui ne livre qu'un exemplaire unique et parfait. Les bâtons rompus, les points de Hongrie, les cannelures droites ou en spirales, les incrustations de mosaïques et de pierres rares, les dessins vermiculés, striés, fouillés en rosaces ou en rinceaux se succèdent sans se répéter jamais.

Et les chapiteaux!... Il nous faudrait passer des heures à les examiner l'un après l'autre. Les sujets bibliques et profanes, les monstres infernaux, les animaux réels ou fabuleux, les oiseaux, les fleurs et les feuillages de toutes sortes ont fourni au ciseau capricieux des ouvriers de génie grecs, normands ou arabes, une série inépuisable de chefs-d'œuvre.

Dans l'un des angles la colonnade se contourne en une annexe quadrangulaire. Au milieu se dresse une fontaine ornée d'une haute colonne ciselée, portant une sphère ajourée, d'où l'eau tombe goutte à goutte dans une vasque de porphyre. La fraîcheur des voûtes, le mystère des galeries solitaires, le murmure discret de l'eau qui s'égrène, nous donnent une intense vision d'Orient. Le cloître chrétien disparaît et nous sommes en quelque intime et féerique *Alhambra*, en quelque délicieux *patio*, séjour inviolable des nonchalances et des rêveries des rois maures.

Les bâtiments claustraux ne montrent

plus que quelques pans de murs, aux baies ogivales s'ouvrant sur le vide. Mais la terrasse où les bénédictins, quittant la pénombre de leur cloître silencieux, retrouvaient la lumière éclatante et planaient sur le monde extérieur, existe toujours. Suspendue à pic au-dessus de la Conca d'Oro, elle garde encore ses buissons de rosiers, ses cactus, ses massifs de fleurs multicolores. Au nom de la liberté moderne, le moine n'a plus le droit de méditer ici devant les splendeurs de l'œuvre de Dieu. Il nous est encore permis de nous y arrêter et de jouir d'un de ces rares et fugitifs instants où la sérénité de l'âme naît de la beauté et de la complète harmonie des choses.

A regret nous reprenons le chemin de Palerme et cependant notre admiration se continue en redescendant les pentes du plateau de Monreale. Le soleil baisse : ses rayons obliques couvrent tout d'une vibrante poudre d'or; les ombres s'allongent en buée violette et transparente comme de légers voiles de gaze. L'atmosphère, d'une limpidité de cristal, laisse aux moindres formes un puissant relief. Les tonalités s'assombrissent tout en gardant leurs valeurs et la terre de Sicile, la *Terre des dieux*, s'enveloppe dans la chaude lumière d'un beau jour finissant.

Sur la route nous rencontrons nombre de paysans montés sur des ânes. Autour d'eux ballottent des mannes de jonc allégées des fruits et des légumes vendus à la ville. Jeunes et vieux, coiffés du long bonnet de laine retombant sur l'épaule, ont l'attitude naturellement noble et fière. Une nuance de dédain nous semble même passer sur leur visage, lorsqu'ils nous croisent en jetant vers nous un rapide regard, sans détourner la tête, et nous croyons y voir une nouvelle expression du caractère national réservé et méfiant.

Descendus dans la plaine, nous passons devant le couvent des *Cappuccini*, bâti par l'amiral Octave d'Aragon en 1620. Il devint la nécropole recherchée des familles patriciennes et des personnages importants de

Sicile. Grâce au secret d'une préparation spéciale et à la qualité du terrain sur lequel on les déposait provisoirement, les corps se transformaient rapidement en momies. Alors, revêtus de leurs plus beaux habits, de leurs robes nuptiales ou de fêtes, des insignes de leurs dignités terrestres, les cadavres prenaient place dans de longues galeries souterraines, accrochés au long des murailles. Le temps leur donnait peu à peu les aspects les plus bizarres, les poses les plus tragiques ou les plus macabres. Bien des fois nous avions vu de grandes photographies étalant à nos yeux le spectacle étrange de ce funèbre musée, et toujours nous avions éprouvé un sentiment de répulsion invincible devant une forme d'hommage à la mort, que nous ne comprenions pas.

Aussi, lorsque notre voiture s'arrête à la porte du couvent, nous refusons énergiquement de descendre. En vain nous subissons les efforts réitérés des moines qui semblent désolés de notre obstination, et c'est par trois fois que nous devons donner l'ordre de repartir à notre cocher, très choqué de notre aveuglement, et presque méprisant.

Nous avons été heureux d'apprendre plus tard que, si huit mille cadavres se sont accumulés, au cours des siècles, sous ces sombres voûtes, un respect mieux entendu de la mort a fait complètement renoncer depuis plusieurs années à ce singulier usage.

L'art siculo-normand vient une fois encore nous consoler de cette mésaventure sous la forme d'une de ces résidences royales, semées en ces environs enchantés de Palerme. A l'ouest de la ville s'élève la Zisa, el Aziz, *la Glorieuse*, qu'une fraîche ceinture de bois d'orangers et de palmiers défendait jadis des ardeurs du soleil sicilien et des indiscrétions de la foule. Si la verdoyante couronne des jardins a disparu, le palais laisse encore apparaître toute son originalité.

Commencée par Guillaume I·· le Mauvais, à qui nous devons accorder au nom de l'art un lointain pardon pour ses impôts excessifs, la Zisa est à l'extérieur un grand cube, dont les hautes murailles accusent de

grandes ogives concentriques aveuglées. A
peine quelques ouvertures géminées. Des
tours carrées dominaient sur les côtés. Tout
l'édifice est couronné par une suite de créneaux. Le plan général, tout oriental, était
exactement celui des palais de Damas ou
du Caire.

A l'intérieur, les appartements se distri-
buaient autour d'une grande salle centrale
fort délabrée, mais assez conservée cependant pour nous séduire par sa grâce élégante
et nous faire deviner les beautés disparues.
Les voussures du plafond sont ornées de
pendentifs en alvéoles tout à fait mauresques. Les parois sont recouvertes de plaques de faïence émaillée où l'or, l'azur, le
vert, le bleu et le noir se marient heureuse-
ment. Au fond de la salle, en face de l'entrée, la bouche d'une fontaine versait l'eau
fraîche, délices des pays chauds, dans un
bassin de marbre. Au-dessus de la fontaine,
une très intéressante frise de mosaïque
s'orne de trois médaillons circulaires, encadrés de riches bordures à arabesques sur

fond bleu. Les médaillons, aux fonds vieil or, portent en leur milieu un palmier synthétisé. Deux paons affrontés complètent les deux médaillons des extrémités. Au médaillon du milieu s'affrontent deux archers visant de leur flèche un oiseau caché dans les branches. C'est une œuvre de grand style et de belle exécution.

Parmi quelques vestiges décoratifs échappés à la ruine, nous pouvons lire encore une inscription coufique s'exprimant ainsi : « C'est ici le Paradis terrestre qui s'ouvre à tes yeux. Ici règne *le Mostaiss* (le roi amoureux de la gloire) et ce château s'appelle *Elasis*. »

En sa pompe orientale, cette inscription n'est-elle pas toute une révélation? N'explique-t-elle pas la conquête des rudes conquérants normands séduits, amollis, enivrés par les magnificences de l'art musulman, les raffinements de la civilisation byzantine, les douceurs du climat sicilien, la féerie d'une végétation tropicale? Ne leur pardonne-t-on pas d'avoir abandonné si vite leurs lourdes armures et leurs grandes épées de fer pour le turban de l'Islam et les armes damasquinées?

Nous rentrons dans Palerme et nous y rapportons la joie d'une journée bien remplie.

Jeudi 12 mars. — Le reliquaire précieux qu'est la Chapelle Palatine s'éclaire pour nous ce matin d'une lumière idéale. Le soleil pénètre obliquement par les fenêtres de l'est. Il traverse les nefs en *gloires* éclatantes. Laissant dans une subtile pénombre bleue les broderies du plafond arabe et la moitié du sanctuaire ; il se brise en traînées lumineuses aux arcs d'ogives, aux colonnes, aux parois de la face opposée. Là, tout se noie dans une poussière vibrante et blonde, où se fondent les ors et les couleurs des mosaïques, des marbres, des porphyres. L'élégante architecture normanno-mauresque tout entière semble parée d'un revêtement dè somptueux émaux, à la chaude et riche tonalité de pierreries scintillantes. Le chef-d'œuvre de l'art siculo-normand nous apparaît aujourd'hui comme en une céleste apothéose.

C'est l'heure de la messe. Le chapelain, qui a le rang d'évêque, la mitre blanche sur la tête et la crosse en main, fait son entrée accompagné de ses chanoines. Aux merveilles de l'art s'ajoutent la beauté et la solennité du culte catholique. Sous la coupole, la fumée de l'encens monte en spirale et se mêle aux rayons du soleil : les divines figures des huit anges aux blanches ailes prennent une vie surnaturelle. Ils semblent se détacher de la mosaïque et planer au-dessus de l'autel.

Il y a peu de monde : quelques femmes, la tête cachée dans les plis d'étoffes sombres, sont prosternées sur les dalles. Le recueillement est complet et ce n'est pas sans émotion que nous recevons la bénédiction épiscopale, en ces lieux où l'art nous paraît, plus que partout ailleurs, célébrer la gloire de Dieu.

Le temps se gâte après midi, et des nuées

menaçantes passent sur Palerme sans s'y arrêter encore. Témérairement nous nous risquons et nous prenons le chemin de fer qui longe la mer d'un bleu superbe, mais sur laquelle se traîne, comme des voiles funèbres, l'ombre des nuages noirs chassés par le vent.

Nous descendons à la station de Santa Flavia, d'où nous nous dirigeons vers les ruines de Solunto, antique colonie phénicienne que les Romains développèrent et embellirent. Un court trajet sépare la gare de l'entrée des ruines. Nous y sommes poursuivis par une bande de gamins des deux sexes déguenillés et faméliques.

Hors de leurs griffes, nous entrons dans la maison du gardien des ruines qui se dispose à nous guider, lorsqu'un formidable coup de tonnerre donne le signal de la tempête. Eole, à qui nous avons échappé avant-hier, veut sans doute se venger aujourd'hui. Il déchaîne toute sa troupe hurlante, et l'envoie prendre ses bruyants ébats au-dessus de nos têtes, comme si nous étions

les vulgaires compagnons d'Ulysse, pro-
vocateurs de ses colères.

Sans interruption, les éclairs brillent, la
foudre éclate, la pluie tombe torrentielle.
Prisonniers de la tempête dans l'étroite ba-
raque du garde, nous ne trouvons pas une
consolation suffisante à la pensée qu'il reste
peu de chose de la romaine Solunto et que
le seul fragment de monument encore debout montre, au dire du docte Burckhardt,
une maladroite application de l'ordre dorique déformé. Nous aurions aimé à contempler ce qui faisait le charme réel de
l'antique cité : son admirable situation sur
un rocher, au revers du Monte Catalfano,
d'où elle dominait la mer et la ligne fuyante
et ondulée de luxuriants rivages.

Mais tout cela a disparu dans les ténè-
bres de la bourrasque, et l'heure du train de
retour vers Palerme a sonné pour nous avant
la moindre accalmie.

Nous regagnons la gare sous la pluie
drue et nous retrouvons nos effrontés mendiants. Ajoutant cette fois l'ironie à leurs

autres qualités, ils se réjouissent visiblement de notre déconvenue. C'est là une forme désagréable et trop en dehors, à notre gré, du dédain du Sicilien pour l'étranger, que nous avons déjà remarqué à l'état latent, mais au moins plus discret.

Dans le wagon où nous montons, trois Siciliens sont groupés en grande conversation. Ils semblent ne pas nous voir et continuent leurs mutuelles confidences. Nous les observons curieusement dans la diversité très marquée de leur type.

Les races de la Sicile sont singulièrement complexes. Les Sicanes autochtones se sont successivement croisés avec les Sicules ou colons étrangers, Phéniciens ou Grecs; avec les Carthaginois, les Romains, les barbares Vandales ou Goths; avec les Sarrasins, les Normands et les Angevins, les Allemands, les Italiens et les Espagnols. Tous ces peuples n'ont pas laissé des traces anthropologiques d'égale valeur. Mais nos trois compagnons de route accusent trois caractères tranchés et persistants chez les Siciliens de notre temps.

L'un, petit, maigre, aux traits anguleux, mais réguliers et fins, aux cheveux bruns bouclés, à la barbe peu fournie, représente le type grec. Le second, plus grand, à la chevelure et aux longues moustaches d'un blond roux, aux yeux bleus, garde le type normand. Quant au troisième, ses longs yeux noirs en amande, son teint olivâtre, sa figure d'un pur ovale, encore allongée par une superbe barbe d'un noir d'aile de corbeau, qui descend soyeuse sur la poitrine, son air noble, en font un magnifique spécimen de la race sarrasine. On s'étonne de le voir mesquinement coiffé d'un feutre mou et vêtu d'un complet anglais, alors que le turban et le cafetan de soie lui conviendraient si bien.

Très mystérieux, penchés l'un vers l'autre, ils soulignent leurs paroles de gestes rapides et multipliés, d'expressions de physionomie très mobiles et très animées. Intrigués, nous nous demandons s'il ne s'agit pas ici de politique, si la fameuse *Mafia* n'est pas en jeu. Nous prêtons indiscrètement l'oreille et nous finissons par comprendre que nous avons tout simplement affaire à trois paisibles négociants de Palerme, qui ont des marchandises en souffrance à Messine et qui se proposent d'adresser une réclamation collective à l'Administration...

Une surprise nous attend ce soir. Ainsi qu'il arrive chaque jeudi, l'hôtel des Palmes est en fête. M. R..., l'hôtelier gentilhomme, donne à danser à ses hôtes, en ses salons d'un luxe voyant et baroque... mais exceptionnellement hospitaliers. Un pianiste et un buffet fonctionnent à ses frais. La bonne société palermitaine ne dédaigne pas d'y paraître. On nous montre une noble marquise qui aime à fuir la solitude de son triste et vieux palais pour venir se distraire ici au milieu du monde cosmopolite, mais choisi, où brillent de sculpturales Américaines. Nombre de jeunes patriciens de la ville, d'élégants officiers de la garnison s'y pressent assidus et l'on nous affirme que ces réunions ne sont point étrangères à certains mariages de prince sicilien et d'opulente héritière de la Cinquième Avenue...

Ce spectacle inattendu nous amuse quelques moments et termine gaiement une journée mouvementée.

Vendredi 13 mars. — La tradition des beaux jardins, apportée d'Orient par les Arabes en Sicile, ne s'est point perdue. Palerme, non contente de la riche ceinture de verdure qui l'enserre, y ajoute encore la parure de charmants squares où la végétation tropicale se développe luxuriante en ce climat béni.

A l'extrémité ouest de la ville, ce sont les beaux bosquets ombreux du jardin anglais qui nous attirent. Piazza Marina, c'est le Jardin Garibaldi qui dresse vers le ciel bleu les hautes gerbes de ses magnifiques palmiers. En bordure de la mer, au long de la promenade de la Marina, c'est la villa Giulia ou la Flora qui nous retient tout spécialement.

Créée en 1777 et largement développée depuis, la Flora évoque l'enchantement des parcs féeriques des rois normands et justifie l'enthousiasme du grand Gœthe qui n'hésite pas à l'appeler « l'endroit le plus merveilleux du monde ». Les orangers, les citronniers, les essences tropicales aux fleurs éclatantes et parfumées en font un paradis, et nous laissons fuir le temps à l'ombre des grands arbres, les yeux et l'odorat séduits par les massifs de fleurs de toutes nuances pressées autour de nous.

De hautes terrasses dominent la mer et le quartier des pêcheurs. Autour d'une petite crique formant port, des maisons pittoresques et bariolées s'alignent; des groupes actifs amarrent les barques, transportent les mannes remplies de poissons, déroulent les filets bruns pailletés d'écailles argentées. Ces barques de pêche aux formes élégantes rappellent les barques antiques. Leur proue, surélevée et surmontée d'une haute pièce de bois, est terminée par un éperon acéré. Elles sont ornées de rinceaux, de filets, d'arabesques, d'animaux fantastiques aux vives couleurs, harmonieux pendants des peintures des *carette*. Le Sicilien de la mer ne veut pas être en reste de luxe et de fantaisie avec son compatriote terrien. Sous la chaude lumière d'un soleil resplendissant, au bord des flots d'un bleu violent, c'est un tableau coloré et vivant que nous nous plaisons à contempler.

A côté de la villa Giulia, le Jardin Botanique nous renouvelle toutes les surprises de la flore exotique, mais non plus pour le seul ravissement des sens. Il faudrait être un Linné ou un Bernard de Jussieu pour apprécier complètement la méthode et la science qui ont permis de rassembler ici les échantillons les plus précieux, les plus rares de la végétation terrestre et d'entretenir cette collection célèbre dans le monde entier. Quant à nous, simples profanes, nous nous contentons d'admirer, au point de vue de l'art pur, la superbe allée des dattiers, les cocotiers austraux, les touffes serrées des papyrus, les bananiers, les bambous et les yuccas gigantesques. Venus des régions d'une autre hémisphère, ils s'épanouissent pourtant dans toute leur vigueur native. Nos yeux d'hommes du nord s'étonnent aux formes inaccoutumées de leurs feuillages, aux effets de lumière imprévus qu'ils provoquent, aux grandes ombres bizarres et découpées qu'ils tracent autour de nous. C'est une apparition délicieuse d'un paysage des îles lointaines, d'un jardin de la Martinique ou de Batavia.

Nous voudrions oublier que c'est notre dernière journée de séjour à Palerme. Plus belle que jamais nous semble la ville des rois normands dans son auréole de soleil, de verdure et de fleurs, avec sa couronne de montagnes neigeuses et de flots azurés. Nous parcourons encore une fois la Marina, les quais animés du port, la rue Macqueda si vivante aux *Quattro Canti*, et nous emplissons nos yeux d'une suprême vision de couleur locale et de beauté.

L'aimable M. E... veut bien nous tenir compagnie pour notre dernière soirée à l'hôtel des Palmes. Les conversations y sont très vives et très passionnées. Il s'agit « d'une histoire de brigands ». Eh quoi! les brigands existent-ils donc encore en Sicile? Aurions-nous la bonne fortune d'assister à la renaissance des temps héroïques? Il paraît qu'il faut s'entendre. Certes, les brigands professionnels et embrigadés ont à jamais disparu avec la dernière bande vaincue au Castellacio. Mais l'indestructible tradition chevaleresque de l'*out-law* brave et généreux, l'esprit « brigand », si l'on ose dire, ont des racines profondes dans le cœur de la nation. Si quelque occasion vient à le tenter, le paysan sicilien de vieille souche n'a point trop de scrupule à succomber. Il n'est plus question, bien entendu, d'arrêter les diligences, ni de faire le coup de feu sur les routes, en ce temps de chemin de fer et de télégraphe. Mais qu'un riche propriétaire terrien, dont le crédit est notoire et sûr, vienne à se laisser entraîner dans l'ardeur de la chasse en des parages solitaires et sauvages, alors quelques bons compagnons, brigands temporaires réunis dans la complicité de l'impérissable *mafia* qui leur assure le silence le plus absolu, n'hésitent pas à enlever l'imprudent chasseur et à lui appliquer le procédé de la *grassasione* ou de la rançon.

C'est ce qui vient d'arriver à un millionnaire de Trapini dont les terres s'étendent trop loin dans la campagne. L' « interné », ainsi qu'on appelle courtoisement la victime, a fait savoir à ses parents que les brigands, tout en ayant pour lui les plus grands égards momentanés, désiraient recevoir le plus vite possible la somme de cinquante mille francs : moyennant quoi ils s'empresseraient de le rendre à leur affection.

Or, on apprenait ce soir que la moitié de la rançon avait été déjà payée, mais que les carabiniers venaient de délivrer l'interné en mettant en fuite ses geôliers. « Mauvaise affaire ! disait-on autour de nous. On a manqué de parole aux brigands, et le propriétaire de Trapani, qui eût été tranquille pour le reste de ses jours en soldant sa rançon tout entière, payera cher le zèle intempestif des carabiniers... »

Comme les voleurs du grand Turenne, les brigands siciliens ont le culte de l'honneur et de la foi jurée! C'est sur ce trait bien suggestif et bien national que nous prenons à regret congé de M. E... en l'assurant de notre très reconnaissant souvenir.

III

AGRIGENTE. — CATANE

Samedi 14 mars. — Dans la brume légère et dorée du matin, nous quittons Palerme à huit heures. Nous suivons encore la côte enchantée du nord jusqu'à Termini. La petite ville blanche s'élève riante sur les roches surplombant la mer Thyrrénienne. Couronnée de verdure et de fleurs, se mirant au flot bleu, vibrante sous les rayons du soleil qui monte, elle symbolise une dernière fois à nos yeux la Sicile des rois normands parée de toutes les séductions de l'Orient musulman.

Mais la vision disparaît et tout change. Brusquement la ligne du chemin de fer tourne droit vers le sud, passant entre de hautes montagnes arides et peu habitées. Quelques pics isolés supportent de farouches villages. Voici Montemaggiore, un ancien repaire de brigands célèbre, où survit le souvenir légendaire du fameux Leone qui, en 1876, opérait brillamment aux alentours. Voici Roccapalumba planant, haut perchée, au-dessus d'un pays bouleversé, au sol brûlant et sanglant d'où s'échappe la fumée des *Solfatare*, dévastatrices de toute végétation et qui nous apparaissent pour la première fois.

Non loin, nous franchissons le faîte de partage des eaux entre la mer Thyrrénienne et la mer d'Afrique vers laquelle nous commençons à descendre. Les montagnes deviennent plus hautes et plus sauvages. Elles dressent sur le ciel clair leurs roches de marbre aux arêtes déchiquetées, où brillent quelques traces de neige. Plus d'arbres, quelques rares cultures de fèves et de maïs aux flancs abrupts des gorges. Nous suivons la vallée du Platani dominée par les sommets les plus élevés de l'île : le Monte Gemini et le pizzo Sutera. La vallée s'élargit tout en restant peu fertile. Bientôt la ligne bleue de la mer d'Afrique barre l'horizon et nous nous arrêtons à une heure au pied de la colline qui porte Girgenti.

Nous ne montons pas jusqu'à la ville et nous nous hospitalisons sans retard à l'hôtel des Temples, tout proche. Sous nos fenêtres, un jardin en terrasse plein de fleurs embaumées. Plus loin, un immense *piano* rocheux, coupé de petits vallons verdoyants, domine la mer et le port d'Empédocle qui s'isole maintenant à quelques kilomètres de Girgenti. C'est là que s'étendait la ville antique, l'Acragas des Grecs, l'Agrigente des Romains, gardée par la fière et haute Acropole où se cantonne la moderne Girgenti.

Agrigente, fondée par les Doriens au sixième siècle avant Jésus-Christ dans ce site admirable, ne tarda pas à prendre un rapide essor et atteignit au cours du cinquième siècle un degré de civilisation inouï. Ses tyrans Phalaris et Télémaque commencèrent sa grandeur et étendirent son commerce au monde entier. Après eux, Théron, triomphateur des éternels ennemis les Carthaginois définitivement vaincus à Himère, et le riche et célèbre Empédocle, thaumaturge, législateur, philosophe et savant, développèrent encore tous les éléments de prospérité. Donnant raison une fois de plus à la théorie du milieu aristocratique nécessaire à l'épanouissement de toute période d'art supérieur et de luxe, ils surent encourager tous les raffinements et toutes les élégances dans les constructions monumentales, les mobiliers, les bijoux, les vêtements. Ils protégèrent royalement les artistes de tout ordre et firent d'Agrigente une des villes les plus puissantes et les plus renommées de l'antiquité.

Elle renfermait alors dans son enceinte deux cent mille habitants et comptait huit cent mille âmes avec les faubourgs et les campagnes environnantes. L'historien Diodore, le poète Pindare racontèrent et chantèrent les merveilles de cette rivale d'Athènes, la magnificence de ses édifices, la richesse et la libéralité de ses citoyens, la fertilité de ses jardins, de ses vignes et de ses bois d'oliviers.

Que demeure-t-il de tant de splendeurs? Peu et beaucoup. Si la cité vivante a disparu anéantie par la guerre des hommes et les tremblements de terre, l'art et la nature réunis ont conservé jusqu'à nous, en des ruines sublimes, une impérissable expression du beau. Ces ruines vont faire revivre pour nous la civilisation grecque dans toute sa majesté et l'âme d'un grand peuple.

Nous nous dirigeons vers l'arête du plateau rocheux, couleur d'ocre et de cinabre, qu'égaie par places, en cette saison, la verdure de quelques prairies semées de fleurs et les pousses fraîchement écloses des amandiers et des oliviers au feuillage argenté et mobile. Au long de cette arête où jadis s'élevaient les remparts d'Agrigente, s'alignaient les demeures des dieux, temples célèbres dans tout le monde antique.

Au plus haut sommet de la roche, le temple de Junon Lacinienne frappe le premier nos regards. Vingt-cinq colonnes d'ordre dorique, sur les trente-quatre qui formaient son portique périptère de quarante et un mètres de longueur sur dix-neuf mètres de largeur, restent seules debout. Mais leur silhouette se détache si noble sur le ciel immaculé, leurs proportions s'accusent si pures sur ce socle de marbre d'or rouge cerné par la ligne indigo de la mer, qu'un cri d'admiration monte à nos lèvres. Nous nous croyons transportés en Grèce et tout de suite nous pensons au beau sonnet de Hérédia dont la première strophe trouve ici une magnifique application :

> Le temple est en ruine au haut du promontoire
> Et la mort a mêlé dans ce fauve terrain
> Les Déesses de marbres et les Héros d'airain
> Dont l'herbe solitaire ensevelit la gloire.

Sublime privilège de l'art! Ces simples

débris vivent toujours par l'éternelle beauté et nous transmettent l'émotion des grands créateurs inspirés.

Au temple de la Concorde nous la retrouvons, cette émotion, non pas plus grande mais complétée grâce à une meilleure conservation. Ce temple, qui passait pour un des plus beaux exemples de l'architecture dorienne du cinquième siècle, est comme le temple de Junon un périptère hexastyle. Il mesure quarante-deux mètres de longueur sur vingt mètres de largeur. Ses trente-quatre colonnes, son architrave à triglyphes, ses frontons, sont encore intacts. Le mur de la Cella est entier et a été seulement percé d'ouvertures lorsque au moyen âge on y installa une église chrétienne, dédiée à saint Grégoire et depuis longtemps supprimée. Nous pouvons donc voir ici un sanctuaire grec de la belle époque du Parthénon dans sa forme intégrale, dans son exécution si soignée que les joints des pierres, posées sans ciment, sont invisibles. Le stuc et la polychromie faisaient jadis disparaître les inégalités du marbre employé, trouvé sur place et légèrement poreux. Mais devons-nous les regretter en présence de cette savoureuse patine, d'un jaune rosé, qui pare les ruines et les met en exquise harmonie avec les franches colorations du ciel et de la mer d'Afrique?

En suivant toujours le bord du plateau et la ligne des anciens remparts, nous rencontrons les ruines, très confuses et très dénaturées par les remaniements des Romains, du temple d'Hercule qui ne nous arrêtent pas longtemps. C'était un temple périptère hexastyle de trente-huit colonnes et de soixante-treize mètres de longueur sur vingt-sept mètres de largeur.

Nous passons devant l'emplacement de la *Porta Aurea* qui donnait accès au port d'Empédocle et nous nous trouvons devant un vaste espace semé d'énormes pierres écroulées. Là s'élevait l'*Olympieion*, le Temple de Jupiter. Polybe et Diodore racontent qu'ici les habitants d'Agrigente avaient voulu élever au Maître des Dieux un sanctuaire dans des dimensions telles qu'il devait étonner le monde. Les traces retrouvées du monument ont démontré que c'était un temple pseudo-périptère soutenu par trente-deux demi-colonnes engagées dans le mur d'enceinte et qui devait mesurer cent dix mètres de longueur sur cinquante-cinq mètres de largeur. Les colonnes, les plus grandes connues et dont les cannelures pouvaient cacher un homme, avaient dix-sept mètres de hauteur. Dans les entre-colonnements, de gigantesques télamons portaient l'architrave sur leurs têtes et leurs bras repliés. Dans l'herbe fleurie est encore étendu un de ces géants de pierre écroulé, haut de sept mètres cinquante et donnant une idée de l'échelle inusitée et colossale du monument tout entier.

Ce temple, par une ironie des choses répondant à son orgueilleuse conception, ne fut jamais terminé. Les Grecs du siècle de Périclès et de la grande époque d'art où leur goût si pur atteignit les limites du beau sur cette terre, ne pouvaient le regretter. Ils avaient trouvé la grandeur dans l'équilibre, la mesure, la noblesse des lignes. C'était faire œuvre de décadence que de la chercher dans l'exagération des dimensions et la lourdeur des détails.

Parmi les débris amoncelés qui se cachent dans les ronces et les acanthes voisines, on a relevé sur quatre hauts degrés, quatre colonnes doriques soutenant un angle d'architrave et une partie de fronton. L'élégante structure de ce beau fragment du temple de Castor et Pollux apporte encore à l'ensemble du paysage une notable part de beauté décorative.

En regagnant notre hôtel, nous nous arrêtons à la petite église médiévale de Saint-Nicolas, curieusement blottie dans les restes d'un temple grec, dont les colonnes sont visibles à l'intérieur. Tout proche, le prétendu oratoire de Phalaris, débris sans intérêt d'un sanctuaire romain. Mais du haut du monticule qui le porte, quel magnifique panorama d'où nous embrassons d'un dernier regard ravi l'ensemble des ruines!

Le soleil s'abaisse vers l'horizon. Les ombres violettes s'allongent sur le sol, les silhouettes des temples se précisent, les marbres se colorent d'un rouge plus ardent. Au loin, la mer d'un bleu plus sombre se raie de blancs flocons d'écume. Tous les bruits s'apaisent. Dans la solennité du crépuscule, plus grande nous apparaît la solitude de ces lieux où vécurent des générations d'êtres humains. Ils ont passé. Leur œuvre de richesse, de luxe, de jouissance matérielle est anéantie. Mais la majesté des temples toujours debout, qu'ils ont élevés à l'idée immatérielle, à la gloire de la Divinité, à l'amour pur du beau, les sauve à jamais de l'oubli.

Émus, nous prolongeons notre admirative contemplation. Un berger passe lentement, drapé dans son grand manteau sombre. Autour de lui s'égaillent des chèvres blanches tachetées de roux, aux longs poils soyeux, aux grandes cornes blondes. Elles promènent leurs pieds fins et leurs grêles sonnailles à travers les chapiteaux écroulés.

Elles broutent l'acanthe enroulée aux volutes de marbre. C'est encore une vision de Grèce, c'est l'Arcadie... et nous revivons les temps millénaires dans l'harmonie de la beauté qui ne meurt jamais.

Dimanche 15 mars. — De notre balcon suspendu au-dessus des massifs de lauriers-roses, nous pouvons jouir encore ce matin du beau panorama d'hier. Il s'enveloppe d'une teinte sévère : des nuées grises s'envolent rapides sous le vent du nord, voilant par intermittence les rayons du soleil. Il fait froid pour les frileux Siciliens. Nous les voyons passer, drapant autour d'eux leur ample manteau noir et relevant sur leur tête le capuchon traditionnel. Singulière est la forme de ce capuchon. Accusant la rondeur de la tête, il descend en pointe sur le front, se relève autour des yeux et se ferme par deux larges pattes agrafées qui protègent le nez et la bouche. C'est un casque de guerrier. Les *contadini* qui le portent chevauchent fièrement leur humble mule comme un destrier. Ils tiennent haut la longue gaule du berger, évocatrice de la lance, et, défilant au pied des roches que couronne la petite ville de Girgenti à l'allure de forteresse, ils prennent la figure de chevaliers normands allant pourfendre le Sarrasin. Ici ce n'est plus la Grèce, c'est la légende chevaleresque des compagnons de Charlemagne qui nous apparaît de nouveau, rappel des tableaux héroïques des *carette* à Palerme.

A neuf heures nous quittons Agrigente avec la perspective d'une terrible journée. Nous devons gagner Catane, et les chemins de fer siciliens, jaloux de la sage lenteur de leurs confrères d'Italie, nous imposent huit heures de trajet et changements de trains pour faire les cent quatre-vingt-quatre kilomètres qui nous en séparent. C'est une vitesse de six lieues à l'heure, à peine avouable en ce temps d'automobile. Mais il y a compensation à tout et, comme en voiture, mieux qu'en auto, nous pourrons bien voir les divers aspects de la route.

Nous remontons vers le nord. Passant sous de nombreux tunnels, nous franchissons les contreforts des hautes montagnes qui forment le noyau central de l'île. Nous suivons les vallées jadis encadrées de pentes boisées, couvertes de riches moissons et d'une admirable fertilité. C'était là le grenier d'abondance du monde antique. L'imprévoyance et l'incurie des hommes ont tout changé. Ce n'est plus maintenant qu'un pays pauvre et désolé. Le déboisement sans trêve a transformé en désert aride les flancs des montagnes, où reparaissent les roches dénudées. La terre, entre les mains de grands propriétaires, est louée à de petits fermiers trop nombreux et besogneux, qui habitent loin de leurs cultures des centres de population très espacés. Incapables de faire aucun frais d'amélioration ou d'exploitation sérieuse, vivant mal et déprimés par l'effort impuissant, ils ne voient jamais leurs maîtres, qui se désintéressent du sol. Le terrible intermédiaire, le *Gabelloto*, avide et sans entrailles, les pressure et les paralyse, et toute la richesse d'antan a disparu de ces lieux. Décadence séculaire et lointaine, dont les traces s'accusent partout, qui attriste et qui s'aggrave de génération en génération sans qu'on sache apporter le remède efficace et sauveur.

Seules les jolies chèvres blanches aux taches fauves nous rappellent la douceur des mœurs pastorales. Agiles et capricieuses, nous les voyons aux creux des roches cherchant l'herbe rare. Elles répandent un peu de fraîcheur et de gaieté en ces austères parages.

Nous retrouvons nombreuses en ce massif montagneux les *Solfatare*. Elles ont été exploitées dès les temps les plus reculés et longtemps le port d'Empédocle garda le monopole du commerce du soufre que ses vaisseaux exportaient dans le monde entier. Cette source de richesses naturelles semblait inépuisable et aurait dû atténuer la décadence agricole. Mais là encore sévissent la routine et le manque d'iniative. Les procédés d'exploitation sont restés primitifs. Peu d'efforts ont été tentés pour lutter contre la concurrence créée par les mines de soufre successivement découvertes en d'autres contrées. Comme aux temps antiques, l'homme seul supporte le poids d'une main-d'œuvre simpliste et écrasante, que n'allège pas une nourriture peu réconfortante où domine le *finocchiu*, le fenouil sauvage.

Nous apercevons au loin, sur les sentiers escarpés, de longues files d'ânes et de mulets qui transportent le soufre extrait des minerais. Ils sont conduits par des hommes amaigris et déguenillés jusqu'aux stations du chemin de fer, où nous les voyons décharger péniblement leurs bêtes. Et ce ne sont pas les plus à plaindre. Dans la mine, les blocs de minerais, détachés par le *picconiere*, sont remontés à bras des entrailles de la terre par des enfants qui, une lampe au front, gravissent sans relâche des escaliers sans fin de deux ou trois cents mètres, pour un salaire dérisoire.

La crise agricole et la crise industrielle réunies rendent la vie bien difficile aux malheureux habitants. L'émigration en enlève un grand nombre et le pays se dépeuple.

Le malaise général favorise, nous dit-on, l'expansion des théories socialistes qui font de rapides progrès. Il s'est fondé une association des travailleurs des campagnes, qui devient menaçante et réclamera tôt ou tard violemment une solution et des réformes, que devrait imposer la seule charité chrétienne.

L'aspect sauvage et aride du paysage est en harmonie avec nos sombres réflexions. Il n'est cependant pas sans grandeur. Une chaîne d'arêtes dentelées, d'une chaude tonalité d'ocre, se découpe sur le ciel. Des pitons escarpés et isolés s'en détachent et supportent de petites villes fortifiées qui ont conservé leur allure guerrière.

Longtemps elles furent des rivales acharnées à s'entre-détruire. C'est Caltanisetta, Canicatti ou Santa Caterina. C'est Castrogiovanni surtout, qui rappelle tout un passé séculaire et non encore oublié. Posée sur un pic de près de mille mètres d'altitude, elle fut l'Enna des Grecs consacrée à Cérès, et garde le souvenir des temps mythiques où Pluton enlevait Proserpine aux rives du lac Pergusa, tout voisin. Ville indépendante, elle guerroya sans trêve avec les villes environnantes et principalement avec Caltanisetta, sa rivale immédiate. Toutes deux semblent encore se défier du haut de leurs socles de roches, autrefois inexpugnables.

Vinrent les Carthaginois qui asservirent Castrogiovanni.

Les Romains auxquels elle résista longtemps en firent à leur profit une puissante citadelle, le *Castrum Ennæ*. Devenue très prospère et encore entourée au neuvième siècle de forêts et de riches cultures, elle fut conquise et pillée par les Sarrasins qui l'appelèrent *Kasr Hanin*.

Enfin, les Normands à leur tour s'y fortifièrent au moyen âge qui vit le commencement de sa décadence, en même temps que celle de la région tout entière. Cependant, fière encore de ses annales qui traversent toute l'histoire de la Sicile, elle a conservé sa ceinture de remparts et compte seize mille habitants.

A Leonforte nous atteignons le point culminant de la ligne du chemin de fer, qui redescend vers la mer Ionienne par la vallée du Dittaino. Il coule quelque temps encore au fond de gorges étroites, dominées toujours par de petites villes lointaines : Assoro, Raddusa, Agira où nous retrouvons la trace des mythes antiques. Là se perpétua le culte d'Hercule qui y passa, dit la légende, accompagné du fidèle Iolas, son neveu, le conducteur adroit de son char.

La vallée s'élargit. Les montagnes s'écartent rapidement et font place au large *piano di Catania.*

A ce moment nous devrions apercevoir l'Etna. Mais des brumes épaisses accourent du fond de l'horizon : le soleil s'y noie et éteint ses rayons. Le pays tout entier semble enveloppé d'un voile de crêpe. Une grande tristesse se dégage de la morne plaine bornée par le brouillard et c'est sous une impression de mélancolie et de fatigue que nous arrivons à Catane sans rien voir autour de nous.

L'hôtel G. B..., le meilleur de la ville (que sont donc les autres?...), nous abrite comme il peut, c'est-à-dire mal. Faisant contre fortune bon cœur, nous nous efforçons de nous en accommoder et d'y trouver un repos devenu très nécessaire.

Lundi 16 mars. — Ce matin, des brumes opaques flottent encore sur Catane. Sous le souffle d'une faible brise qui les pousse mollement, elles se succèdent sans trêve et l'horizon va nous rester caché toute la journée. Il faut en prendre notre parti.

D'ailleurs, si Catane se mire aux flots bleus de la mer Ionienne, si elle se rapproche de Palerme par le nombre de ses habitants, l'activité de son port, la fertilité des campagnes environnantes, elle n'offre pas comme la capitale des rois normands la séduction d'un site enchanteur. Étendue dans une grande plaine, sans perspective lointaine, la ville, privée de tout accident de terrain, ne réserve pas de surprises aux amateurs de panoramas largement développés.

Mais Catane est intéressante à d'autres titres. Si, à Palerme et sur la côte nord de la Sicile, nous avons retrouvé la trace indélébile de l'Orient byzantin et arabe, à Catane, c'est la Grèce qui va nous apparaître en des signes impérissables et singulièrement populaires après tant de siècles écoulés.

Dès nos premiers pas dans la ville nous sommes fixés, et le nom de la principale et interminable voie qui traverse Catane de part en part est à lui seul une révélation. Elle s'appelle la *via Stesicoro Etnea*, évocatrice à la fois de l'Etna et du poète épique Tisias *le Stésichore* qui vivait au sixième siècle avant notre ère!...

Le Sicilien est traditionnaliste au premier chef. On le voit conserver, au milieu des envahissements successifs de l'étranger, un immuable souvenir de ses origines, un culte de la patrie éternelle, l'antique Trinacria, aux limites invariablement délimitées par la mer. Catane, une des premières colonies grecques en Sicile, fondée par les Chalcidiens dès l'an 729 sur la côte la plus rapprochée de la mère patrie, devait rester grecque dans l'âme et sa situation n'a pas peu contribué à entretenir sa mentalité grecque.

L'Etna, le *Pilier du ciel,* le *Clou du monde,* comme l'appelaient les anciens, chanté par Homère, Pindare et Virgile, raconté par Thucydide et Strabon; l'Etna, cette monstrueuse pyramide de quinze lieues de tour à sa base et de plus de trois mille mètres d'altitude, a jeté de tout temps sa grande ombre sur Catane et l'a indissolublement associée aux mythes de la théogonie grecque.

Malgré toute influence chrétienne, ces légendes se sont perpétuées jusqu'à nos jours et l'âme superstitieuse des Catanais n'a jamais cessé d'en garder l'empreinte et de s'orienter vers le dangereux colosse, serviteur des dieux, instrument terrible de leur colère.

Il n'en pouvait être autrement. L'histoire de Catane est à vrai dire celle des convulsions de l'Etna.

Contrairement au Vésuve qui n'ouvrit ses cratères qu'au commencement de l'ère chrétienne, l'Etna a toujours été volcan. La fable s'en est emparée dès l'origine du monde. C'est sur son sommet que Deucalion et Pyrrha se réfugient pressés par les eaux montantes du déluge. C'est dans ses flancs que Vulcain et les Cyclopes forgent les foudres de Jupiter menacé par les Titans. Vainqueur, le maître des dieux les précipite au Tartare par le cratère de l'Etna. Mais Encelade et Thyphaon, fils de Tartare et de la Terre, résistent encore. Jupiter les foudroie et les enchaîne au fond du volcan. Leurs rugissements et leurs vains efforts pour revenir à la lumière font trembler la montagne, et leurs souffles impuissants jettent au dehors des torrents de flammes et de lave.

Tels sont les principaux mythes inspirés aux peuples primitifs par la crainte angoissée des forces de la nature déchaînées par l'Etna.

Dès l'aurore des temps historiques, les annales des peuples du groupe méditerranéen enregistrent les éruptions. Il y en eut onze avant Jésus-Christ et celles de 476, de 396, de 126 et de 122 furent les plus violentes. Soixante-dix-sept éruptions s'échelonnèrent à travers les siècles depuis le commencement de l'ère chrétienne. Toutes furent importantes, car chacune d'elles ouvre de nouveaux cratères sur les flancs de la montagne. Mais plusieurs ont laissé dans la mémoire des hommes la terreur de véritables cataclysmes.

En 1169, l'évêque de Catane officiait dans la cathédrale avec tout son clergé, au milieu d'un immense concours de peuple. Le fléau fut si rapide, les tremblements de terre si répétés, que la cathédrale s'écroula, ensevelissant tous les assistants sous ses ruines. Quinze mille personnes périrent alors. Nouvelles catastrophes en 1329 et en 1537. Mais l'une des plus terribles date de 1669. L'éruption dura quatre mois, fit vingt mille victimes, bouleversa la configuration générale du sol et fit jaillir les monts Rossi sur les pentes de l'Etna.

Tant d'horreurs devaient être encore dépassées en 1693. Une longue suite de tremblements de terre accompagna les éruptions. Une vague énorme de lave se précipita dans la mer et produisit un raz de marée qui revint tout détruire sur les rivages. Quatorze villes ou villages disparurent, le port de Catane fut en partie comblé, la ville n'était plus qu'un monceau de ruines. Soixante mille personnes moururent et Catane seule fournissait dix-huit mille victimes dans cette effroyable hécatombe au Moloch sicilien.

L'éruption de 1755 coïncida avec le célèbre tremblement de terre de Lisbonne. Au cours du dix-neuvième siècle seul, on compte dix-neuf éruptions. En 1817, la fureur du volcan dura deux mois. L'éruption de 1819 se signala par la longueur et la gravité des secousses sismiques, des éclats incessants de la foudre et des éclairs ininterrompus et intolérables. La mer se retira au loin et devint brûlante.

L'année 1865 vit une éruption qui dura cent quarante-trois jours. Le sol de la montagne fut encore terriblement remué en l'an 1886, et, tandis qu'un flot de lave se précipitait au sud de la base du colosse, le mont Gemellaro surgissait à quinze cents mètres au-dessus de la mer.

Depuis, les deux dernières convulsions les plus graves de l'Etna se produisirent en 1892 et 1899. Mais il ne désarme jamais et reste toujours menaçant. Un éternel panache de fumée flotte à son sommet. Des lueurs d'incendie, de sourds grondements rappellent sans cesse sa présence et interdisent une complète sécurité.

Le monstre implacable affirme sa terrible domination tous les quatre ou cinq ans, en moyenne, et tous les neuf ans avec une intensité telle qu'elle met en péril toute une population et l'existence même du sol habité.

Et cette population n'est pas inférieure à trois cent mille habitants répandus sur la surface du cône, jusqu'à une altitude de plus de sept cents mètres. Et Catane, la grande ville, ne compte pas moins de cent quarante mille âmes...

Si nous avons été touchés par l'invincible énergie des Napolitains au pied du Vésuve, quelle doit être notre admiration pour les Siciliens! Plus grandes, plus aveugles sont ici les forces sans frein de la nature. Elles se dressèrent dès la première heure contre l'œuvre de l'homme, obstacle presque insurmontable et toujours renouvelé, sans répit et sans merci, pendant plus de vingt siècles. Sans défaillance aussi après chaque sacrifice imposé par le dieu terrible, l'homme réparait les désastres, relevait les ruines, recommençait à cultiver la terre bouleversée, couverte de cendres, de scories et de lave.

En effet, si Catane après chaque cataclysme donnait l'exemple, renaissant plus belle et plus vivante du sein des pierres amoncelées, les habitants des campagnes gravissaient de nouveau les pentes dévastées, reconstruisaient les villages engloutis, reprenaient peu à peu possession du sol, qui, par une singulière compensation, trouvait dans la lave et les débris laissés par le volcan, de puissants éléments de reconstitution.

Entre tous les groupements de population du cône, les habitants du gros bourg de Nicolosi, à sept cents mètres au-dessus de la mer et le premier éprouvé dans toutes les éruptions, sont toujours aussi les premiers à reconquérir la vie, ayant été les derniers à fuir devant le flot de la lave en fusion.

Une foi inébranlable, qu'elle soit inspirée

par la protection des dieux ou par la chrétienne confiance en la Providence, est le mobile supérieur qui peut expliquer tant de constance et de ténacité. Superstition, si l'on veut, que l'invocation à Jupiter ou que le *voile de sainte Agathe,* la vierge pure martyrisée sous l'empereur Décius, que les Siciliens déploient comme un palladium sacré devant chaque invasion du volcan : on ne peut nier qu'il y ait là une grande force, une source intarissable d'effort inlassé à travers les siècles.

Le résultat est d'ailleurs surprenant et l'abondance et la richesse sont la récompense de cette affirmation de puissante vitalité. Malgré tant de désastres accumulés, la pyrámide de l'Etna est d'une admirable fertilité. Les orangers, les citronniers, les amandiers, les oliviers, la vigne, les sumacs sont cultivés jusqu'à onze cents mètres d'altitude. Malgré le déboisement dû beaucoup à l'imprévoyance des hommes, il reste enrore d'importantes forêts où prospèrent les hêtres, les pins, les bouleaux, les chênes, les châtaigniers, et qu'habitent les lapins, les lièvres, les sangliers, les porcs-épics et même quelques loups.

Après le géant Etna, le second dieu populaire de Catane c'est Tisias dit *le Stésichore* ou Régulateur du chœur. Son surnom seul survit dans la mémoire des Catanais qui l'ont inscrit, nous l'avons constaté, à côté de celui du formidable volcan. *Le Stésichore* était un poète épique dont les œuvres luttèrent un instant avec les poèmes homériques eux-mêmes et qui eut, comme tous les grands poètes grecs, une influence politique considérable. Chassé d'Himère par une révolution, il adopta Catane comme seconde patrie et l'aida dans ses incessantes querelles avec les colonies rivales de la côte ionienne, Syracuse ou Naxos. Les grands services qu'il rendit comme médiateur, la gloire que lui acquirent ses chants inspirés et qui rejaillit sur Catane ont laissé une trace ineffaçable.

Le Catanais de nos jours ne connaît certes pas les poèmes épiques du *Stési-*

chore, devenus célèbres dans le monde antique tout entier : *les Argonautes, la Guerre de Troie, les Mythes de l'Etna* et surtout l'idyllique création de la gracieuse figure de *Daphnis*. Il ne sait guère que *le Stésichore* développa le rôle du chœur musical qui accompagnait les récits héroïques et lyriques. Mais d'âge en âge depuis plus de deux mille ans, il garde et transmet la tradition de la reconnaissance et donne l'immortalité à l'homme qui a servi et glorifié sa patrie. N'est-ce point touchant?... Et ne voyons-nous pas là un trait bien particulier de la race, d autant plus fidèle à ses origines, qu'elle a été plus souvent opprimée?

Il est un troisième dieu pour les Catanais, très moderne et très imprévu, mais qu'expliquent l'amour de la gloire locale dont ils ont la fierté, et le sens musical chez eux si général et si instinctif. Ce dieu, c'est Bellini, qu'ils se plaisent à appeler le *Maître de Catane*. Bellini, l'auteur des *Puritains* et de la *Norma*, avait la mélodie simple, un peu banale, mais ne manquait cependant pas d'une réelle émotion, qui ne laissait pas Wagner lui-même insensible. Si certaines formules du musicien populaire ont quelque peu vieilli, son œuvre, grâce à la sincérité de l'expression et à la franchise du rythme, a laissé des motifs inoubliés dans la mémoire de ses compatriotes. Les gamins de Catane les fredonnent volontiers; le théâtre, les concerts militaires en plein vent entretiennent l'enthousiasme de la foule, qui vibre toujours aux accords connus et aimés du glorieux compositeur.

Ces souvenirs nous accompagnent au long de la grande voie Stesicoro-Etnea, que nous parcourons d'un bout à l'autre. Elle nous montre de riches palais, de somptueuses demeures à prétentions architecturales, qui annoncent la richesse des habitants mais manquent de réel intérêt d'art. Tous les monuments sont de style baroque, car la ville fut presque entièrement reconstruite après la catastrophe de 1693. Ils témoignent de la volonté respectable et persistante, au milieu de tant de ruines, de maintenir Catane au rang des grandes villes élégantes et luxueuses. Le dallage des rues, les pierres de nombreuses façades sont en lave. La lave elle-même déborde au pied de certains monuments et émerge des fondations. Pas un instant on n'oublie l'Etna, et si les épaisses nuées du ciel n'en décidaient autrement, la silhouette de l'Etna lui-même nous apparaîtrait fermant au loin la perspective à l'extrémité de la via Stesicoro Etnea.

Du côté du port, la grande voie s'amorce sur une petite place où s'élève une fontaine ornée d'un éléphant antique, en lave encore et portant un obélisque de granit. C'est la place de la Cathédrale. Du *Duomo*, fondé par le roi Roger Ier au douzième siècle, il ne reste rien. Il a été entièrement réédifié après le grand tremblement de terre de la fin du dix-septième siècle. La pompe et la magnificence d'une somptueuse architecture n'ont pas produit un monument de style pur, mais combien suggestive est la vue de la façade principale ! Ornée de colonnes en granit provenant du théâtre antique de Catane, elle se pare de bas-reliefs également antiques représentant des Centaures et des Néréides. C'est une curieuse manifestation de l'atavisme grec, qui nous rappelle l'atavisme romain si singulièrement affirmé au porche de la cathédrale de Côme, flanqué des deux statues de Pline l'Ancien et de Pline le Jeune.

Sous les voûtes du Duomo repose Bellini, mort à Puteaux en 1835. Les Catanais ne furent satisfaits que lorsqu'ils eurent ramené ses cendres au pays natal. Leur vœu ne se réalisa qu'en 1876, époque où une cérémonie solennelle et vraiment nationale, ainsi qu'un mausolée monumental, consacrèrent définitivement la mémoire de leur illustre concitoyen.

Au milieu de la via Stesicoro Etnea, nous entrons dans la Villa Bellini, beau parc et principale promenade de la ville dont le nom le rappelle encore. Bien vallonné et bien planté, il s'orne de hautes terrasses, assises sur la lave apparente, du haut desquelles on plane sur l'Etna et la campagne toujours invisibles sous le voile implacable des brumes.

En revenant vers la mer, nous passons devant l'ancien couvent de bénédictins de Saint-Nicolas, en grande partie transformé en caserne. La vaste église, toujours de style baroque, est encore intacte. Une haute tour et des galeries de l'ancien cloître s'entourent de frais jardins dont les terrasses fleuries dominent la campagne.

Sur les quais du port nous nous arrêtons un instant à la villa Pacini, humble petit square, mal tenu et mal fréquenté, que le mouvement des barques et la vue de la mer devraient rendre attrayant. Peut-être doit-il son abandon à la mémoire du modeste compositeur qui lui donna son nom et dont le buste s'effrite à l'ombre des bosquets mal taillés. Les Catanais n'ont pas voulu oublier tout à fait Pacini, un enfant de Catane qui mourut sans gloire en 1867. Mais pouvaient-ils faire mieux à côté du dieu Bellini?

Nous rentrons à l'hôtel désespérant de voir aujourd'hui l'Etna. Le soleil n'a point voulu briller; à peine avons-nous entrevu, à travers quelques déchirures vite refermées au lourd rideau de nuages, le casque de neige du géant mystérieux.

IV

SYRACUSE

Mardi 17 mars. — Le soleil nous sourit enfin ce matin et chasse les papillons noirs que nous apportait hier la chevauchée des sombres brumes, si mal venues en ces pays d'Orient. Nous oublions vite notre mauvais gîte et cette dépression morale que nous avons subie, inévitable au voyageur impressionnable un instant déçu, se sentant tout à coup très loin de son *home*.

Gaiement, nous parcourons de nouveau la ville. C'est un changement à vue : tout est transfiguré par la lumière. Les maisons baroques ou prétentieuses, aux marbres éteints et aux pierres maculées, se dorent d'une harmonieuse patine. La lave elle-même, aux dallages du sol et aux façades des maisons, a perdu son funèbre aspect de bitume et s'égaie d'une teinte d'un gris argenté semé de paillettes brillantes.

A la Villa Bellini, les lauriers et les grands arbustes aux feuilles tropicales, les massifs de fleurs fraîches semblent revivre sous les rayons éclatants et la chaleur bienfaisante du soleil.

Du haut des terrasses, l'Etna se montre enfin à nous dans toute sa gloire. La gigantesque pyramide monte vers le ciel immaculé. Ses pentes fertiles s'enveloppent d'une buée d'or et son sommet porte une haute couronne d'une blancheur éblouissante. Impressionnant contraste, très accentué cette année, car la neige est tombée en abondance, s'est amoncelée très épaisse et descend très bas, rejoignant les luxuriantes végétations.

Nous ne quitterons pas Catane sans

l'avoir vue dans sa beauté et dans le rayonnement d'un resplendissant soleil, sa parure
naturelle.

A une heure nous prenons le train qui
va nous conduire à Syracuse, toujours avec
la sage lenteur habituelle et consacrée. La
voie décrit une large courbe dans le *piano di
Catania,* les champs Lestrygoniens, comme
l'appelaient les Romains, dont la légendaire fertilité a singulièrement diminué.
L'insouciance des hommes a laissé se former peu à peu le lac de Lentini, qui s'est
entouré de marécages et a remplacé l'abondance et la richesse des temps antiques par
la stérilité et la malaria.

La ligne du chemin de fer redescend
vers la mer Ionienne et la côtoie sans interruption au pied de falaises rocheuses, premier gradin des montagnes un peu lointaines. Nous contournons le golfe de
Mégare, cerné de plages désertes et incultes. C'est là cependant que se groupaient
dans l'antiquité les villes prospères et populeuses de Xyphonia, de Mégare Hybléenne,

d'Alabon. Elles ont disparu sans laisser le moindre vestige. Le silence de ces lieux, jadis foyer de l'activité humaine, n'est plus troublé que par l'écho, répété de roche en roche, du flot qui se brise et que n'utilisent plus les vaisseaux venus de tous les ports méditerranéens. Au loin dans la montagne, sur un pic élevé, un petit centre de population a survécu, c'est Melilli où se récoltait le miel d'Hybla chanté par les poètes.

Nous longeons un instant le mur d'enceinte de l'antique Syracuse, qui se confond avec la roche de la falaise, et nous arrivons à trois heures à la nouvelle ville. Bien déchue de sa grandeur, la Syracuse moderne ne compte plus que vingt-quatre mille habitants et se cantonne maintenant dans la seule île d'Ortygie, l'importante citadelle des Anciens, qui défendait l'entrée du port.

La ville est vite parcourue. Elle a conservé un aspect tout espagnol : étroites rues tortueuses et dallées, façades discrètes

et peu percées, balcons saillants en fer
forgé, portes basses semées de gros clous
ornés. A peine quelques vestiges de la
période du moyen âge indiquent-ils encore
la place de quelques vieux palais, Lanza
ou Montalto. De ce dernier palais nous
admirons deux grandes et belles fenêtres
restées intactes, et datées de 1297. L'une
est géminée et l'autre trilobée. Leurs sculptures décoratives en bâtons rompus, en
billettes ou en palmettes, leurs fines colonnettes aux chapiteaux variés nous charment
par l'élégance originale et la grâce robuste
qui caractérisent le style normanno-sarrasin.

Nous gagnons la pointe sud de l'île.
Elle s'avance en proue de navire dans
l'azur de la mer infinie, et porte les restes
pittoresques des fortifications de Charles-
Quint, servant encore de citadelle.

Mais l'antiquité grecque, même en ce
milieu moderne, ne peut rester longtemps
cachée. L'île d'Ortygie est inséparable du
souvenir légendaire d'Ulysse et d'Énée
fuyant le terrible courroux de Polyphème

et des Cyclopes, et les chants d'Homère et de Virgile l'ont immortalisée. Nous allons vite retrouver ici les. traces inoubliées de la Fable et les débris de la civilisation grecque qui s'offrent tout d'abord à nous sous une forme très inattendue.

Sur une petite place au centre de la ville, la cathédrale dresse devant nous sa façade monumentale, très richement ornée dans le style de la haute Renaissance. A la suite de ce pompeux décor, ce n'est pas sans étonnement que nous voyons, sur les façades latérales, se profiler la colonnade d'un temple antique couronnée de son entablement et de ses triglyphes, et terminée par une série de créneaux d'allure sarrasine : un résumé de l'évolution millénaire architecturale en Sicile. Les Grecs du sixième siècle avaient élevé ce temple à Minerve Athéné. Périptère hexastyle de style dorique, il développait ses trente-six colonnes un peu trapues autour d'un parallélogramme de cinquante-six mètres de longueur sur vingt-deux mètres de largeur.

Célèbre dans le monde antique, il recevait des dons précieux de tous les pays, et Cicéron en parle dans ce sens en ses *Verrines*. A une époque indéterminée, il fut transformé en église chrétienne. Un mur fut bâti dans les entre-colonnements, laissant visibles des demi-colonnes extérieurement et intérieurement. Le mur plein de la Cella fut coupé par de larges vides correspondant aux entre-colonnements et les parties du mur subsistant formèrent de lourds piliers carrés au droit des colonnes. Les trois nefs de la basilique furent ainsi très naturellement obtenues. Cette adaptation est fort curieuse; car le sanctuaire chrétien, tout en se servant d'éléments antiques, s'incrusta rarement aussi complètement dans le temple païen. Le fait fut d'ailleurs souligné dès l'origine par le vocable de l'église, qui s'appelle Santa Maria delle Colonne.

A l'extrémité nord de l'île, il y avait encore un autre temple très important que l'on crut longtemps dédié à Diane, mais que la découverte récente d'une inscription semble donner à Apollon. Les ruines en sont informes et peu accessibles. Mais on a pu se rendre compte de ses dimensions considérables. C'était un périptère hexastyle qui n'avait pas moins de dix-neuf colonnes sur ses grands côtés. Ces deux temples superbes, dans l'étroite enceinte de la citadelle, suffiraient à eux seuls pour attester la magnificence de la Syracuse antique.

Nous redescendons vers le port et voici encore la Grèce. La fontaine d'Aréthuse, avec ses longs roseaux de papyrus, est respectueusement conservée au bord même de la mer. La Naïade Aréthuse, poursuivie en Elide par le fleuve Alphée, invoqua le secours de Diane qui la transforma en fontaine et la transporta dans l'île d'Ortygie. Mais Alphée désespéré s'adressa à l'accommodant Neptune qui lui permit de passer sous la mer d'Ionie et de mêler encore ses eaux aux larmes éternelles de la fontaine Aréthuse. Charmante légende de l'irréductible force de l'amour, qu'il faut nous garder de traiter légèrement devant les Syracusains, si fidèles gardiens à travers les siècles de leurs plus lointaines traditions...

Une agréable allée ombragée, la Passeggiatta Aretusa qui longe le port, nous conduit à la Piazza Mazzini et à notre hôtel. De nos fenêtres, notre vue s'étend sur les quais, où à perte de vue se rangent d'innombrables tonneaux de grande dimension. Après la diminution considérable des vignes, reste-t-il donc assez de vin de Syracuse pour les remplir?... Nous nous apercevons vite de notre erreur. C'est avec des citrons, si délicieux en ces parages, qu'on charge ces grands récipients. On les tasse vigoureusement et l'on remplit les vides avec de l'eau fortement mélangée de sel marin. Ainsi lestés, les savoureux fruits d'or vont porter leur couleur et leur parfum d'Orient dans toutes les régions du globe, surtout en Amérique et en Allemagne, où les boissons variées des *bars* en absorbent une quantité incalculable. En ce moment, deux grands steamers reçoivent dans leurs flancs, véritables tonneaux des Danaïdes, une succession de foudres dont nous désespérons de voir la fin. L'un va gagner Hambourg et l'autre New-York.

Mais de plus poétiques images nous attirent. Le ciel s'éclaire d'une dernière lueur, teintes rosées et verdissantes du crépuscule. Au loin, vers le nord, la masse imposante de l'Etna s'estompe et s'efface peu à peu dans la nuit. Devant nous, la nappe étendue des eaux du Grand Port prend un ton sombre d'un bleu d'acier et reflète les premières étoiles. Sur la rive opposée nous pouvons encore apercevoir l'embouchure de l'Anapos sortant de ses buissons enchevêtrés et touffus, où les Anciens recueillaient leurs papyrus les plus réputés. L'Anapos!... C'est sur ses bords qu'au troisième siècle le divin Syracusain Théocrite, le génial poète précurseur du Virgile des *Bucoliques*, trouvait ses plus fraîches inspirations descriptives, ses idylles les plus gracieuses, ses figures de nymphes agrestes, sa Galatée fuyant le monstrueux Cyclope... Souvenirs évocateurs de l'antiquité grecque, qui nous prennent tout entiers, nous font oublier le temps présent et nous préparent à vivre demain dans la Syracuse antique, renaissant pour nous de ses ruines.

Mercredi 18 mars. — Une radieuse matinée. Nous partons en voiture découverte à travers la campagne fertile, pour gagner la Tour du Télégraphe posée sur un mamelon isolé de cent quatre-vingt-dix mètres d'altitude, d'où nous pourrons à loisir nous rendre compte de la configuration générale du pays. L'air est calme et pur, le soleil, très légèrement voilé, éclaire tout d'une lumière discrète et blonde, et noie dans une poussière dorée les sommets lointains des hautes montagnes.

Cette « plaine de Syracuse » est vraiment riante en cette atmosphère fluide, avec ses douces tonalités vertes de printemps, ses amandiers et ses oliviers aux feuilles nouvelles d'un gris d'argent. Partout, l'activité des champs : les travailleurs de la terre semblent alertes et oublieux de la réserve et de la sévérité siciliennes que nous avons si souvent observées. C'est aussi qu'en ces parages la culture productive n'a point été abandonnée et entretient une abondance relative.

Sur la route nous rencontrons un régiment qui revient d'une marche matinale. Les soldats s'égaillent un peu à volonté. Ils chantent joyeusement pour marquer le pas alourdi; quelques-uns, cueillant aux branches égarées au-dessus du chemin des amandes à peine formées, les croquent tout entières, et paysans et paysannes les regardent en souriant. Moderne idylle... renouvelée des Grecs et du divin Théocrite.

Çà et là, des groupes d'oliviers énormes, quelques-uns millénaires, sont, dit-on, les derniers témoins des forêts plantées par les Sarrasins. Leurs troncs, tourmentés et creux à l'intérieur, laissent cependant passer une sève abondante jusqu'à leur frais feuillage encore une fois renouvelé.

Au long d'une côte rocheuse nous nous élevons peu à peu et nous atteignons le village de Belvedere où notre voiture s'arrête. Ici, c'est la Sicile triste et pauvre qui nous apparaît de nouveau et ne veut sans doute pas se laisser oublier. Quelques maisons mal groupées s'effritent et s'effondrent, l'incurie et la misère sont trop visibles, et nous retrouvons dans le regard des habitants, sales et déguenillés, cette hostilité et ce mépris de l'étranger qui nous ont maintes fois frappés.

Un court sentier nous mène à la Tour du Télégraphe et nous voilà sur la plate-forme, contemplant un inoubliable panorama. Un immense plateau triangulaire, dont le sommet est à nos pieds et la base en bordure de la mer d'Ionie, s'incline de l'Occident vers l'Orient, couvert de blocs énormes, entassement de roches de marbre d'un blanc laiteux semé de rares taches de verdure. Où finit le sol? Où commencent les ruines de l'œuvre des hommes? On ne le sait : aucune trace architecturale, aucune colonne, aucune arcade, aucune silhouette monumentale. C'est pourtant sur cette terrasse de roches blanches que s'élevait la puissante cité de Syracuse, et nous avons besoin d'un grand effort d'imagination et de mémoire pour ne pas l'oublier.

La nature cependant se montre ici éloquente et nous laisse voir dans ses grandes lignes toute la beauté d'un site admirable qui devait séduire un fondateur de ville.

Ce grand plateau rocheux dominant de vingt mètres la mer, bordé de falaises et s'élevant en pointe jusqu'à la hauteur de cent vingt mètres, était facile à fortifier. L'île d'Ortygie, à peine séparée de la terre ferme par un petit canal, formait une véritable digue défendant des flots de la haute mer les eaux calmes d'un grand port naturel, offrant une complète sécurité. L'entrée de ce vaste refuge, resserrée entre la pointe extrême de l'île d'Ortygie et le promontoire du Plemmyrion, ne laissait aux vaisseaux qu'un étroit passage presque impossible à forcer. La campagne environnante, qui se déroulait en grande plaine arrosée par l'Anapos et sa tributaire la rivière de Cyané, promettait d'assurer par sa fertilité la vie matérielle de nombreux habitants. Enfin, depuis les temps héroïques de la guerre de Troie et les chants homériques, les légendes de la Fable, qui ne laissaient jamais les Grecs insensibles, poétisaient ces rivages. Jupiter et Neptune, l'Etna et les Titans, Ulysse et ses compagnons, Polyphème et les Cyclopes, l'élégiaque Aréthuse et ses eaux bienfaisantes, la touchante Cyané qui voulut en vain défendre Proserpine et que Pluton changea en source intarissable, rendaient ces lieux sacrés et leur donnaient une sorte de consécration religieuse dans tout le monde antique.

Ce fut Archias de Corinthe qui sut voir tous les avantages de cette situation exceptionnelle et qui jeta, en 734, dans Ortygie, les premiers fondements de Syracuse. Pendant deux siècles l'extension de la colonie fut des plus rapides, car, dès le premier siècle, elle fondait à son tour d'autres foyers, entre autres Acræ et la fameuse Enna. Mais sa véritable prospérité s'affirma avec les tyrans qui suspendirent les querelles incessantes de l'aristocratie et du peuple.

Au cinquième siècle, Gélon de Géla s'allia à Théron, tyran d'Agrigente, et participa à la grande victoire d'Himère, qui mit fin aux incursions des Carthaginois. Il put alors se consacrer tout entier au développement de toutes les sources de richesses de la colonie. Grâce à lui, Syracuse devint la clé de la Sicile, la maîtresse des destinées de l'île entière, la plus grande cité du bassin oriental de la Méditerranée, centre du monde civilisé d'alors. C'est avec raison que les concitoyens de Gélon l'honorèrent du titre de second fondateur de Syracuse.

Hiéron I⁽ᵉʳ⁾, son frère et successeur, fut son digne continuateur. Il protégea les lettres et les arts et fut le Mécène de Pindare et d'Eschyle. Mais la mauvaise administration de son autre frère Thrasybule, qui se fit chasser par les Syracusains en 467, provoqua l'établissement d'un gouvernement démocratique. A ce moment, les Athéniens, jaloux de la prospérité inouïe de Syracuse et la voyant en proie aux discordes les plus violentes, tentèrent de s'en emparer. Ils entreprirent contre elle une expédition formidable, commandée par Nicias.

La lutte fut terrible. Elle dura deux ans, de 415 à 413, et se termina par la victoire complète des Syracusains. La flotte de Nicias fut entièrement détruite. Plus de six mille Athéniens faits prisonniers, jetés dans les carrières, furent impitoyablement traités et finalement vendus comme esclaves.

Mais les troubles politiques qui épuisaient Syracuse et une nouvelle attaque des Carthaginois permirent à l'habile Denys l'Ancien de rétablir la tyrannie, au grand profit de la colonie. Vainqueur des Carthaginois et de leurs alliés, politique plein de ruse et sans scrupules, mais administrateur remarquable et esprit cultivé, il sut acquérir une réelle popularité et devint un véritable souverain puissant et magnifique. Sa domination s'étendit sur toute la Sicile et une partie de la Grande Grèce. Il acheva les fortifications de Syracuse, l'enrichit de superbes monuments et la laissa à sa mort, en 367, à l'apogée de sa gloire.

L'incapacité de son fils Denys le Jeune compromit vite son œuvre, et une ère de tribulations s'ouvrit, qui aboutit bientôt au rétablissement de la république. Cette période fut marquée par des troubles civils mal réparés par des tyrans de passage, tels qu'Agathocle, Hicétas ou Pyrrhus, roi d'Épire, son gendre, appelé par les Syracusains pour rétablir l'ordre et qui dut fuir leur ingratitude. Enfin, en 275, un général énergique rétablit la tyrannie sous le nom de Hiéron II. Il sut arrêter la décadence, déjà menaçante, pendant son long règne qui se prolongea jusqu'en 216, grâce à son autorité et à sa politique alliance avec les Romains.

Après lui, les querelles intestines se

réveillèrent plus ardentes. Hiéronyme, son successeur, ne parvint pas à les réprimer et disparut promptement, assassiné! Les signes d'anarchie et de décadence se multiplièrent et les Syracusains commirent la dernière imprudence en prenant parti contre Rome pour Carthage. Les Romains ne manquèrent pas d'en profiter. Vainqueurs des Carthaginois, maîtres de toute la Sicile, ils voulurent achever leur conquête et mirent le siège devant Syracuse.

Comme celui des Athéniens, ce siège mémorable dura deux années, de 214 à 212. Mais le général romain Marcellus fut plus heureux que Nicias et mit fin à l'héroïque et longue défense des Syracusains, longtemps soutenus par le zèle patriotique et les inventions ingénieuses du célèbre Archimède qui y perdit la vie. Les Romains triomphèrent sans ménagement. La ville fut pillée, dépouillée de ses trésors et de ses richesses d'art accumulées, au profit de Rome.

Dès lors la décadence, quoique lente

après tant de grandeur, se poursuivit sans arrêt. C'est en vain que Bélisaire, en 535, fera de Syracuse la capitale de la Sicile. C'est en vain que Constant II y établira, de 636 à 668, sa fastueuse résidence d'empereur byzantin, où il devait mourir assassiné. Prise et pillée par les Sarrasins en 878, conquise au moyen âge par les Normands, Syracuse ne cessa pas un instant d'accumuler ses ruines, de s'amoindrir, de se dépeupler et, aux temps modernes, irrémédiablement déchue, réduite à l'île d'Ortygie, la grande capitale ne fut plus qu'une petite ville de province.

Rien n'affirme mieux la vanité des choses humaines que ces destinées historiques évoquées en présence de l'emplacement colossal où s'étendait jadis la grande cité disparue, amas incohérent de pierres écroulées confondant leur couleur avec celle de la roche elle-même. Aux temps prospères, cinq cent mille habitants vécurent dans cette enceinte qui, d'après Strabon, n'avait pas moins de trente-trois kilomètres de cir-

conférence. Les guerres civiles et étrangères, les conquêtes successives, la fragilité
des œuvres de l'homme, les tremblements
de terre, répercussion lointaine des colères
du redoutable Etna, ont substitué le néant
à tant de gloire...

Pour voir revivre un instant les splendeurs évanouies, il nous faut parcourir les
territoires des divers quartiers qui compo-
saient l'ensemble de la ville. Nous pourrons
alors la retrouver dans de rares débris et
surtout dans les substructions qui, creusées
dans le marbre même de la colline et faisant
corps avec elle, ont été préservées de la destruction.

L'antique Syracuse se divisait, en dehors
d'Ortygie, en quatre quartiers : Épipolis
ou la ville haute, Tychè ou le quartier de
la Fortune, Achranide ou le quartier des
Poiriers, Neapolis ou le quartier neuf. Nous
les traversons successivement.

Ce qui reste d'Épipolis est plein d'intérêt.
C'est la forteresse de l'Euryale, le « grand »
fort par excellence, le monument le plus

considérable d'architecture militaire que nous ait légué l'antiquité. Dans une position formidable et imprenable, elle dressait sur la crête terminant la pointe du triangle de roches, à plus de cent mètres d'altitude, cinq tours massives, très visibles encore, défendues par trois fossés profonds. D'autres tours et un château fort avancé encerclant deux vastes esplanades complétaient l'ensemble des fortifications. Mais ce qui lui donnait sa grande force et constituait son originalité, ce sont les immenses galeries creusées à même le roc qui lui servait de base. Se développant sur un parcours de plus de cinq cents mètres, elles étaient accessibles à la cavalerie et formaient une succession de casernes, de magasins, de passages, d'écuries. On reste là saisi d'étonnement et on s'explique facilement les longues résistances des grands sièges, en ces lieux où s'accumulaient toutes les ressources de défense en armes, en provisions et en hommes, fantassins et cavaliers.

La forteresse de l'Euryale ne fut d'ailleurs jamais prise, même par le général romain Marcellus, qui dut, après sa victoire, accorder les honneurs de la guerre à la garnison encore nombreuse et vaillante.

De Tychè, il ne reste absolument rien. Tout a totalement disparu, même le Temple de la Fortune qui lui donnait son nom et « le grand gymnase et plusieurs édifices sacrés » que nous signale Cicéron en son plaidoyer contre Verrès. C'était le quartier le plus populeux de la ville.

A la suite, le grand quartier de l'Achranide, toujours au dire de Cicéron, qui fut un instant questeur à Syracuse et la vit encore belle, « renfermait un forum spacieux, de très beaux portiques, un superbe Prytanée, un temple majestueux de Jupiter Olympien ». Le souvenir de cette description n'est pas un inutile commentaire de ce que nous avons sous les yeux : restes assez informes de quelques murs, de l'Agora, et d'un certain palais d'Agathocle qui n'est, à vrai dire, qu'un débris de bains romains. Ce qui est très visible encore ce sont les murailles colossales qui terminent le plateau au bord de la mer et sur lesquelles un quadrige pouvait passer aisément. On les attribue à Denys l'Ancien et elles rendaient la ville imprenable de ce côté.

Une des grandes curiosités de Syracuse ce sont les latomies, immenses carrières où les Grecs trouvèrent les inépuisables matériaux nécessaires à leurs constructions. D'une étendue considérable, puisqu'on estime qu'elles fournirent cinq millions de mètres cubes de pierre, elles sont creusées en pleine ville, en pleine roche à ciel ouvert et servirent de prisons aux prisonniers de guerre, durement employés à leur exploitation. C'est un spectacle extraordinaire que ces précipices atteignant jusqu'à trente mètres de profondeur, remplis d'un chaos de roches déchiquetées, de blocs énormes entassés au hasard, maintes fois bouleversés par les tremblements de terre et que la nature s'est plu à parer peu à peu à travers les siècles d'une splendide végétation. Dans ce dédale de marbre blanc, s'accrochent, se suspendent, se chevauchent les orangers, les grenadiers, les myrtes, les oliviers, les figuiers, les palmiers. Des chemins de chèvre sillonnent la masse serrée des verdures. On passe sous des bosquets embaumés, sous des berceaux de vigne, sous des voûtes de lianes; on foule aux pieds des fleurs aux mille couleurs. C'est un rêve de féerie que le décorateur de théâtre le plus fantaisiste n'aurait jamais pu imaginer.

La première latomie que nous rencontrons dans l'Achranide, c'est la latomie des Capucins, dont le vocable nous ramène aux premiers temps de l'ère chrétienne. Sur ses bords s'élève la vieille église de San Giovanni qui a conservé sa façade, ornée d'un porche à trois arcades et d'une rosace, d'un style barbare du douzième siècle. Nous descendons dans la crypte qui remonte au quatrième siècle. Elle est en forme de croix grecque : trois branches sont terminées par des absides et la quatrième sert d'entrée. Le tout est d'une architecture rudimentaire et quelques fresques naïves achèvent de s'effriter sur les murs grossiers. La tradition veut que ce sanctuaire ait été bâti sur l'emplacement où s'accomplit le martyre de saint Marcien, l'apôtre envoyé par saint Pierre pour évangéliser la Sicile. Elle ajoute que saint Marcien reçut la visite de saint Paul. Le fait est confirmé par les *Actes des Apôtres*. Nous y lisons, racontés avec une merveilleuse précision, tous les détails du dernier voyage de saint Paul de Jérusalem à Rome, où il devait être jugé et décapité en qualité de citoyen romain. Sous la conduite du centenier de la cohorte Auguste, Julius, qui lui laissait une grande liberté, saint Paul aborda à Syracuse et y resta trois jours.

A cette crypte se rattachent d'importantes catacombes à peine déblayées sur une longueur de cent cinquante mètres et qui datent des premiers siècles chrétiens. La roche, plus résistante ici que la pouzzolane des catacombes de Rome où les salles sont très petites et les couloirs étroits, a permis de creuser des rotondes assez vastes et des galeries larges et élevées au long desquelles s'alignent les cases des tombeaux. Sur les murs, les quelques rares peintures découvertes semblent, par leur lourdeur et leur gaucherie, indiquer la décadence du quatrième siècle de l'ère chrétienne.

Nous terminons notre visite de l'antique Syracuse par Neapolis. Deux latomies encore nous arrêtent et nous retiennent par le charme, l'imprévu, la richesse de leur végétation tropicale. C'est d'abord la latomie de sainte Vénère plus luxuriante, plus fleurie que toutes les autres. Puis la latomie bien nommée du Paradis, qui ajoute à sa splendide parure de feuillages des grottes pittoresques. L'une d'elles a reçu, au seizième siècle seulement de notre ère, le nom d'oreille de Denys. L'entrée, haute de vingt-trois mètres, se découpe en silhouette rappelant vaguement la forme de l'oreille humaine et, à l'intérieur, un écho formidable répète longtemps le moindre bruit, répercuté et grossi jusqu'au roulement du tonnerre. Ces deux particularités ont donné naissance à la tardive légende de Denys l'Ancien se cachant dans cette grotte pour entendre tout ce que disaient les malheureux prisonniers enfouis dans les carrières : légende absurde, qui ne repose sur rien de sérieux.

Neapolis est le quartier qui a gardé les traces monumentales les plus importantes et rappelle le plus éloquemment au voyageur de notre temps les splendeurs de l'antique cité grecque. Tout d'abord se présente à nos yeux l'Amphithéâtre romain, du temps d'Auguste, qui, en ce milieu de traditions millénaires, nous semble presque moderne. C'est, suivant l'usage romain, un cirque isolé dont les gradins sont entièrement construits en maçonnerie et qui n'a guère qu'un intérêt politique. Il affirme la prise de possession des Romains, marquant leur conquête par des édifices de leur création et apportant leur part personnelle aux plaisirs du peuple nouvellement asservi.

A côté, nous retrouvons l'art grec dans

un monument tout particulièrement évocateur des temps prospères : c'est l'autel de Hiéron II, dû à la magnificence du dernier prince puissant de Syracuse. Toute la partie décorative a disparu, mais il étonne par la grandeur de l'espace que couvrent ses ruines et par ses proportions colossales. Nous savons par les auteurs anciens qu'il se composait de deux énormes plates-formes superposées, où l'on accédait par de larges degrés. Sa longueur était de deux cents mètres et sa largeur de vingt-trois mètres. Il avait dix mètres de hauteur et s'ornait de corniches, de bas-reliefs et d'un grand nombre d'offrandes votives, statues ou panoplies d'armes précieuses. Il servait à la célébration des grandes fêtes religieuses, marquées par un déploiement de luxe et une prodigalité de victimes, bien faits pour entretenir la popularité des tyrans. Aux seules fêtes des Eleuthéries, commémoratives de la victoire définitive des peuples Grecs sur les Perses, on n'y sacrifiait pas moins de cent cinquante bœufs à la fois.

Au bord de Neapolis, au flanc de la colline qui portait la ville, le Théâtre grec, le monument indispensable à toute civilisation antique, nous laisse voir tous ses gradins de marbre et toutes les dépendances de la scène creusés dans le roc même. Sa fondation remonte au cinquième siècle. Grâce à sa structure d'un seul bloc, il a résisté à toutes les causes de destruction. Le plan général est des plus ingénieux : le demi-cercle des gradins faisant brèche dans la colline, chacun d'eux trouvait une issue immédiate et facile sur les rues en pente qui entouraient le théâtre. Vingt-quatre mille spectateurs pouvaient s'y asseoir à l'aise ; son diamètre était de cent cinquante mètres et ses gradins au nombre de soixante. Les onze premiers rangs étaient réservés à l'aristocratie et aux personnages de marque. Nous voyons très distinctement la trace de la haute balustrade qui séparait ces gradins privilégiés de ceux destinés au populaire.

Les Grecs ont toujours eu soin d'édifier leurs théâtres dans des sites admirablement choisis. Celui de Syracuse n'était pas un des moins bien orientés. Nous ne pouvons rester indifférents devant ce fond de scène que les spectateurs avaient sous les yeux. Dans un décor naturel et merveilleux se plaçaient les plaines verdoyantes et fertiles de l'Anapos, le port où se pressaient les vaisseaux de tous les pays, les hautes murailles découpées de la citadelle d'Ortygie, dominées par les frontons des temples, la mer bleue, enfin, où se reflétait le ciel pur de Sicile.

A gauche du théâtre, autour des gradins supérieurs, commençait la Voie des Tombeaux. Ce rapprochement était tout simple dans la civilisation antique. La vie humaine n'avait pas alors le prix que les modernes générations y ont attaché de plus en plus. On la sacrifiait volontiers, non seulement aux grandes causes, mais encore au plaisir, à la cruelle satisfaction des masses populaires que la mort violente n'effrayait pas et qui regardaient les jeux sanglants du cirque passionnément et sans pitié. En même temps, le culte des morts était scrupuleusement pratiqué et l'on ne redoutait pas leur voisinage. On vivait volontiers auprès de leurs tombes et les nécropoles, aussi bien chez les Romains que chez les Grecs, étaient des lieux de promenade et de repos.

Les Anciens employaient simultanément la crémation et l'inhumation, mais dans une mesure très inégale. Chez les Romains l'incinération était la règle générale. Chez les Grecs, au contraire, l'inhumation primait. De là, une différence capitale dans la disposition des cimetières des deux peuples. L'urne funéraire, contenant les cendres des morts, amena les Romains à la construction du columbarium et de ses niches, ainsi qu'aux tombeaux isolés plus ou moins décorés. Chez les Grecs, au contraire, les corps inhumés étaient en général placés dans des cases creusées dans le rocher que les premiers chrétiens imitèrent plus tard aux Catacombes. Nous voyons à Syracuse un très intéressant exemple de nécropole grecque. La Voie des Tombeaux que nous suivons est à l'air libre et sillonnée par les traces des roues des chars encore très apparentes. Cette voie donne accès à un réseau très développé de galeries petites et grandes, de caveaux funéraires de toutes les dimensions. Aux murailles, les cases où l'on déposait les corps s'alignent les unes au-dessus des autres.

L'antithèse brutale du théâtre et de ces galeries funèbres juxtaposés ne cesse pas de nous poursuivre au cours de notre exploration. Elle froisse décidément nos idées modernes et nous avons de la peine à l'accepter. Cependant, pour être justes, il faut nous souvenir que notre état d'âme ne ressemble en rien à celui des Grecs, et nous devons admirer, quelle qu'en soit la forme, leur respect pour les morts et leur fidélité à leur mémoire.

Ces réflexions philosophiques nous accompagnent au long du Grand Port où nous regagnons notre hôtel en l'île d'Ortygie. Brusquement nous y retrouvons la

vie très moderne, non sans quelque surprise après avoir vécu toute cette longue
journée en un si lointain passé.

Jeudi 19 mars. — Nous ne voulons pas
quitter Syracuse sans avoir vu le petit
Musée où, avec un soin touchant, on a
recueilli les moindres témoignages de l'art
local. Par les étroites rues solitaires, dont
nos pas seuls réveillent les échos, nous
gagnons la place de la Cathédrale où se
trouve l'entrée du Musée.

Les premiers siècles chrétiens y sont
représentés par le curieux sarcophage
d'Adelphia, d'un art naïf, des inscriptions
et des morceaux de sculpture qui relèvent
de l'archéologie et ne nous retiennent qu'un
instant. C'est l'art grec qui est ici vraiment
digne d'intérêt. Bien que les spécimens
soient peu nombreux, ils vont encore nous
parler éloquemment des belles époques de
prospérité de la Syracuse antique.

Ce sont d'abord quelques fragments de
bas-reliefs et un reste de tombeau repré-

sentant un vieillard et un enfant, retrouvés dans les sépultures archaïques. Puis, voici une belle série de vases peints aux personnages rouges sur fond noir, ou noirs sur fond rouge, et une suite de délicieuses têtes de femmes en terre cuite, dont la grâce et l'expression dérivent de l'école même de Tanagra.

Les Grecs, qui furent nos maîtres dans tous les arts, élevèrent la glyptique à une hauteur que les artistes modernes, même ceux de la Renaissance, ne purent jamais atteindre. Nous le constatons une fois de plus devant la belle collection des très célèbres monnaies de Syracuse. Nous ne nous lassons pas surtout d'admirer la vitrine des grands décadrachmes d'argent. Ces magnifiques médailles, d'un relief vigoureux, représentent une tête de femme, la tête d'Aréthuse, avec une variété de coiffures inépuisable. Les tresses et les boucles de la chevelure, qu'elles soient retenues par la résille, le sacco, les bandelettes ou le sphendone, sont disposées avec une élégance et un goût parfaits et ne perdent jamais cette harmonie d'ensemble qui procède du grand art. Au revers, un quadrige au galop d'une belle tenue, au-dessus duquel vole la Victoire. Ces précieuses médailles étaient quelquefois signées et les noms parvenus jusqu'à nous de deux des inimitables artistes qui les ont conçues, Cimon et Evainetos, ont vraiment droit à l'immortalité.

D'une belle époque et d'une grande allure est la tête colossale de Jupiter ou de Pluton, trouvée en 1839 près de l'autel de Hiéron II.

Nous nous arrêtons enfin devant la pièce la plus importante du Musée, l'Aphrodite, découverte en 1804 dans un jardin de l'Achranide.

Cette figure d'Aphrodite fut de tout temps considérée par les sculpteurs grecs comme l'expression même de la beauté. Les maîtres du cinquième siècle, Myron et Polyclète, la représentèrent toujours drapée. Le plus grand de tous, Phidias,

sut révéler, sous la souplesse et la légè-
reté de ses draperies aux plis savants et
harmonieux, toute la beauté des lignes
du corps humain et toute la noble liberté
des mouvements. Au quatrième siècle,
Scopas, qui devait suivant Glaucos « donner
une âme au marbre », rendit la draperie de
l'Aphrodite plus flottante, plus révélatrice
des formes. Il fit même, au dire de Pline,
une Aphrodite sans voile, mais elle ne
nous est pas parvenue. C'est son contem-
porain Praxitèle, le maître sans rival, qui
fut le vrai créateur du type de l'Aphrodite
nue, depuis si souvent reproduit.

Il n'y arriva pas du premier coup. Ce
n'est que peu à peu que la draperie tombe,
découvrant d'abord la poitrine, puis le torse,
pour se résumer enfin dans l'Aphrodite de
Cnide. Mais, si le voile est tombé, le respect de la beauté pure, l'idéalisme le plus
élevé bannissent toute idée sensuelle. La
déesse, qui a déposé son voile sur le vase
à parfums et va se mettre au bain, conserve
dans l'attitude, dans le geste, une sérénité,

une noblesse, une chasteté absolues. Aucun trouble de la chair n'apparaît nulle part. La tête est petite, les traits fins, l'expression du visage virginal. C'est d'un art savant, pondéré, délicat et fort en même temps : c'est l'apogée de la statuaire grecque.

Du type demi-drapé nous possédons un admirable exemple. C'est notre *Vénus de Milo*, de la fin du quatrième siècle, qui procède à la fois de la force de Scopas et de l'élégance de Praxitèle.

Du type sans voile de la *Cnidienne*, nous nous rappelons les nombreuses et belles répétitions qui s'affirment tout particulièrement dans la *Vénus Médicis* et la *Vénus du Capitole*, gardiennes de la pure inspiration de Praxitèle.

Devant l'Aphrodite de Syracuse, une œuvre probable du troisième siècle, nous nous efforçons de raviver ces souvenirs d'esthétique et nous y cherchons les raisons de notre impression. Compromis entre le type demi-drapé et le type sans voile, la Vénus syracusaine ne nous montre ni la réserve du premier type, ni la pureté du second. Le corps est modelé avec un parti pris de réalisme, un naturalisme exagéré des contours, une grâce un peu lourde dans les mouvements. La draperie enfin, loin de servir de voile, flotte sous le geste qui la retient mollement au-dessous des hanches, s'écarte et découvre les jambes. La tête a malheureusement disparu et son absence nous prive de l'important commentaire des traits du visage.

Ici, nous sentons que nous devons oublier la *Cnidienne*, oublier la déesse, pour ne plus voir que la femme. A ce point de vue limité, c'est une très belle œuvre. Elle est sculptée dans le marbre de Paros le plus fin, son exécution est d'une technique impeccable et d'un art consommé. Elle est vraiment digne d'admiration, pourvu qu'on la laisse à sa place d'œuvre déjà décadente et à distance raisonnable du type de la beauté absolue, telle que nous l'impose à juste titre l'idéalisme des Phidias et des Praxitèle.

A une heure, nous quittons Syracuse, emportant le précieux souvenir de belles visions d'art antique. Au long de la mer, nous reprenons jusqu'à Catane la route déjà parcourue. Le soleil brille, pas un nuage. Partout, une intensité de tonalités exubérantes où chantent le bleu de la mer, les verts puissants de la végétation, le gris argenté des rochers, la blancheur immaculée de la neige couronnant l'Etna, dont les pentes se noient dans la lumière dorée.

Après Catane, le chemin de fer, en corniche, se fraie un passage entre la mer et le grand volcan dont nous contournons la base. Les millénaires éruptions du colosse ont créé là un pays extraordinaire, bouleversé, convulsé, coupé de ravins et de hautes falaises, atteignant jusqu'à deux cents mètres de hauteur, où se mêlent singulièrement l'aridité des montagnes de lave et la fertilité inouïe des verdures. Çà et là, de blanches maisons apportent une note de gaieté et l'image de l'éternelle vitalité de l'homme auprès des violences de la nature.

Sur cette côte de la mer d'Ionie, la Fable
et l'histoire ne cessent pas de se rappeler à
nous. En face d'Acicastello, dont le château fort en ruine évoque l'occupation nor-
mande, et non loin du rivage, émergent de
l'azur des flots les sept îles des Cyclopes.
Ces beaux rochers pittoresques ont été
lancés là par la main puissante de Polyphème
et nous aurions vraiment mauvaise grâce à
douter d'une tradition indiscutable en ces
lieux. Les épisodes du délicieux roman
d'aventures qu'est l'*Odyssée* ont laissé,
sur cette côte orientale de la Sicile, des
traces ineffaçables et restent dans toutes
les mémoires avec une force de réalité et de
conviction qui nous gagne. C'est sans effort
que nous nous figurons ici le cruel Cyclope
vaincu par les ruses du subtil Ulysse. D'un
épieu brûlant, le fils de Laërte vient
d'aveugler le monstre. Avec ses compagnons, il fuit vers le rivage, s'élance sur
son navire et fait force de rames. Polyphème, sans regard et hurlant, entend le

bruit de la nef fendant les flots sans la voir, et saisissant d'énormes quartiers de roche les lance au hasard vers la mer sans atteindre les fugitifs. En passant sur cette *Terre des dieux*, comment pourrions-nous rester indifférents au triomphe d'Ulysse?... Comment pourrions-nous penser un instant que les sept îles des Cyclopes sont de vulgaires morceaux de basalte?...

C'est encore Polyphème que nous retrouvons à Acireale, jolie petite ville aussi peuplée que la Syracuse moderne et qui, suspendue sur un torrent de lave, domine la mer de cent soixante mètres. Disparue presque entièrement dans la fameuse éruption de 1693, elle est plus vivante que jamais.

Son nom l'associe à la fiction d'Acis et Galatée que la Fable a située sur ces bords. Galatée, la plus belle des Néréides, eut le malheur d'être aimée par Polyphème. Insensible à la passion du monstrueux géant, elle aimait le beau berger Acis, le fils d'un faune sicilien. Polyphème les surprend ensemble.

Galatée s'enfuit aux profondeurs de la mer. Mais l'infortuné Acis meurt écrasé par une roche que le Cyclope en fureur a jetée sur lui. De son sang ruisselant, jaillit une source pure qui forme la petite rivière d'Acis que nous franchissons. Les eaux de cristal coulent éternellement vers la mer, à la recherche de la divine Galatée retournée en ses grottes mystérieuses. Théocrite et Ovide ont chanté cette idylle exquise en des vers immortels. Le pinceau des grands peintres l'a célébrée maintes fois et nous n'avons pas oublié la joie de nos yeux à la Farnésine. Pour nous, Raphaël a évoqué du sein des flots une idéale et triomphante Galatée, portée sur une conque traînée par des Dauphins, entourée de naïades, et escortée par les Amours. Douce émotion d'art, qui s'ajoute au charme de la légende poétisant les rivages que nous traversons.

La série des torrents de lave amoncelée sur la côte continue. Après Giarre, les collines volcaniques laissent, à côté d'une culture intense, quelques zones perfides de marécages où règne la malaria. Au revers du promontoire de Schiso, nous suivons une plaine solitaire coupée de bois de citronniers. C'est là que s'étendait Naxos, la première des colonies grecques en Sicile, fondée en 735 par les Chalcidiens. De la grande cité il ne reste rien, pas une trace, pas un vestige, pas une pierre, « les ruines elles-mêmes ont péri »...

Cependant Naxos fut à son heure florissante et joua un rôle important dans les destinées de la Sicile. Mais elle eut l'imprudence de s'allier aux Athéniens contre Syracuse. Denys l'Ancien, en 403, l'en punit cruellement. Prise d'assaut, pillée, saccagée, presque rasée, elle ne put se relever de ses ruines. Les habitants échappés aux massacres se retirèrent sur la falaise toute voisine, le Tauros, où ils fondèrent Taormine. Nous serons presque tentés demain d'absoudre l'impitoyable victoire du tyran de Syracuse qui nous a valu les beautés de l'art grec au Tauros.

C'est l'art, en effet, qui sauve Naxos de

l'oubli. Nous la retrouverons à Taormine ; elle survit aussi dans ses admirables monnaies, dignes rivales de celles de Syracuse, dont nous nous rappelons la beauté. Elles ont apporté jusqu'à nous à travers les siècles leurs remarquables têtes de *Dionysios* et surtout la curieuse figure du *Faune tenant une grappe de raisin*, d'un modelé si ferme, d'un si puissant réalisme, d'un si grand caractère, et que souligne souvent la signature de Proclès, une des gloires de la glyptique antique.

Entre le cap Schiso et le cap S. Andrea se creuse une anse décrite par l'auteur de l'*Odyssée* avec une étonnante exactitude et qui servit de refuge à Ulysse. Sur cette même plage, au petit village de Giardini, nous descendons, non pas d'une nef archaïque comme le héros homérique, mais d'un vulgaire wagon et nous commençons à gravir, en voiture découverte, les pittoresques lacets qui mènent à Taormine. Ses maisons blanches se groupent à deux cents mètres d'altitude sur le premier gradin de la chaîne de montagnes bordant la mer.

Mais le soleil a déjà disparu derrière les hauts sommets. Un instant, vers l'orient, un dernier reflet rouge éclaire les côtes de Calabre que nous apercevons en face de nous, au delà de l'entrée du détroit de Messine. Les nuées d'orage s'amoncellent, l'ombre s'épaissit rapidement. Un peu désemparés, dans la nuit noire et aux premiers roulements du tonnerre, nous nous abritons à l'hôtel San Domenico. Ce n'est que demain, au grand jour et reposés, que nous pourrons l'apprécier.

V

TAORMINE — MESSINE

Venaredi 20 mars. — Toute la nuit l'ouragan et la pluie ont fait rage. Anxieux, nous nous demandons ce que sera notre réveil. Par bonheur nous en sommes quittes pour la peur, et, aux premières lueurs du matin, les derniers nuages ont fui sous le vent. Le soleil monte dans un ciel pur, dans une atmosphère limpide où les choses prennent tout leur relief et toute leur valeur. Il ne nous privera pas un instant, pendant notre séjour à Taormine, de sa radieuse et indispensable lumière.

L'hôtel San Domenico est un ancien couvent de dominicains. Grâce à une de ces « combinazioni » familières à la moderne Italie, le couvent désaffecté est tombé dans le domaine public, mais l'église restée ouverte est toujours livrée au culte. Les Siciliens s'en contentent.....

La cour d'entrée s'entoure d'un cloître du dix-septième siècle, dont les arcades retombent sur des colonnes ioniques. Au milieu, un grand puits, dont la ferronnerie disparaît sous les lianes fleuries. Les couloirs sont de larges galeries. Les anciennes cellules, hautes et vastes chambres voûtées, longent une terrasse qui porte un délicieux jardin. Les roses, les géraniums, les œillets, les jacinthes, les verveines s'étalent au pied des lauriers, des orangers et des palmiers. Cette terrasse se termine brusquement, à pic au-dessus d'un dédale de roches, qui dévale jusqu'à la mer semé de touffes de cactus et de buissons d'opuntias aux grandes raquettes hérissées d'épines. La situation est admirable et nous serions tentés de nous arrêter en ces parterres fleuris, si nous n'apercevions tout de suite, à notre gauche, sur la pointe avancée du cap de Taormine, le *Théâtre grec*. Irrésistiblement il nous attire; nous oublions tout et nous traversons rapidement la petite ville moderne pour y courir et nous consacrer entièrement à lui.

Nous gravissons la « Regia », l'escalier aux larges degrés en pente douce et nous nous trouvons vite au sommet du Théâtre. D'un coup d'œil, nous embrassons l'ensemble des ruines et l'immense paysage qui les encadre. Nous restons saisis, sans paroles pour rendre notre émotion devant un des plus merveilleux spectacles qu'il nous ait été donné de contempler.

Sur un roc écrété, à près de deux cents mètres au-dessus des flots, les Grecs ont posé leur Théâtre et l'ont orienté vers la féerie d'un unique panorama. De trois côtés la mer nous entoure d'une ceinture azurée. Derrière nous, court vers le nord la côte découpée qui borde le détroit de Messine. A notre gauche, sur la rive orientale du détroit, apparaissent dans une buée rose les bords rocheux et escarpés de la Calabre. A notre droite, la montagne s'étage en trois gradins. Le premier gradin c'est le Tauros où fut bâti Tauromenium et que garde de haut, sur un mamelon, le « château fort », l'Acropole. Au-dessus, à plus de six cents mètres, un piton isolé qui porte la petite ville de Mola, fille de Tauromenium. Plus haut encore, le mont Venere qui dresse son sommet à huit cent soixante mètres d'altitude.

Devant nous enfin, la vallée verdoyante de l'Alcantara s'étend entre le Tauros et la chaîne des monts Castiglione et va mourir au pied de la pyramide colossale de l'Etna. Superbe, le géant élève dans les airs, à trois mille mètres au-dessus de la mer bleue ourlée d'argent, son front neigeux et olympien, qui se découpe nettement sur le ciel et balance un long voile de vapeurs rougies.

Le clair soleil du matin, le soleil d'Orient,

enveloppe tout dans la splendeur de sa lumière dorée et nous avons la forte sensation d'une parfaite et rare harmonie entre l'œuvre de l'homme et l'œuvre de Dieu.

C'est que, dans une sublime inspiration, les Grecs, avec cette science des grandes lignes et ce sentiment de la nature qui caractérise leur génie, ont creusé leur Théâtre dans le roc même, sur un plan des plus simples, laissant partout visible un décor naturel sans pareil et lui demandant d'apporter à leur œuvre sa part de grandeur et de suprême beauté.

L'examen détaillé du Théâtre grec dans sa pureté première va nous édifier complètement. Mais il nous faut tout d'abord le dégager des altérations romaines. Elles sont faciles à reconnaître : les ruines nous les montrent construites, suivant l'usage romain, en petits matériaux et en briques que cachait une riche architecture. Le Théâtre grec, avant tout remaniement, se composait d'une Cavea dont le grand diamètre a cent neuf mètres et dont les gradins pouvaient recevoir vingt-cinq mille spectateurs. Ces gradins se divisaient en trois sections, très apparentes encore, correspondant à trois catégories de places de valeur différente. La partie supérieure de la Cavea était limitée par un portique dont quelques colonnes sont encore debout. Le gradin le plus bas contournait un espace vide, l'orchestre, où se trouvaient un autel et le trône du grand prêtre. La scène ou tribune fermait le demi-cercle de l'orchestre par une ligne droite. Assez étroite, elle était bornée par un mur peu élevé, décoré de niches et de statues, percé de trois portes destinées aux entrées et aux sorties des acteurs.

Grâce à cette disposition, la vue s'étendait sans obstacle par-dessus la scène et trouvait dans l'Etna, dans la mer, les montagnes et la voûte du ciel une incomparable toile de fond qu'aucun décor ne pouvait remplacer.

La tribune servait seulement aux récits. Le chœur, les cortèges, les grands défilés, les cérémonies religieuses, toujours inséparables des représentations théâtrales, se développaient dans l'orchestre libre. Les personnages qui y figuraient entraient et sortaient par deux portes voûtées, que nous voyons s'ouvrant aux deux extrémités de la tribune, où se trouvaient aussi deux autels. Dans le soubassement même de la scène trois autres portes donnaient des dégagements par les dessous du théâtre aux acteurs et aux figurants. De chaque côté de la tribune, deux grandes salles servaient de coulisses et se reproduisaient en un étage supérieur, qu'indiquent clairement les degrés écroulés des escaliers.

Quant à la sonorité, elle était merveilleuse. Malgré l'état de ruine d'une partie du théâtre, nous constatons encore que, par un prodige d'acoustique, on entend distinctement du plus haut gradin les paroles prononcées près de la scène. Cette sonorité tenait à plusieurs causes : à la forme circulaire de la Cavea, à de nombreuses niches où se plaçaient de grands vases creux en terre cuite, surtout à la surface libre de l'orchestre qui formait ici une véritable table d'harmonie, le Théâtre tout entier étant creusé d'un seul bloc dans le rocher.

Quelle grandeur et quelle solennité devaient prendre en ce cadre ces représentations, célèbres dans le monde antique, où les tragédies d'Eschyle, de Sophocle, d'Euripide alternaient avec les grandes fêtes religieuses, les luttes oratoires des philosophes, les discours des hommes politiques. Le peuple grec, amoureux de toute beauté, savait vibrer aux accents sublimes de la poésie, aux cris de la passion, au souffle de la grande éloquence.

Lorsque les Romains arrivèrent en vainqueurs à Taormine, ils apportèrent leur esprit plus positif, leurs usages très différents, et, par suite, de très sensibles modifications dans la disposition du Théâtre. Suivant leur coutume, l'orchestre fut livré au public. De là la nécessité d'agrandir la scène où se passait toute l'action et de fermer par un mur plein le fond de cette scène pour renvoyer la voix, la plate-forme vide de l'orchestre n'existant plus. Les Romains n'avaient à aucun degré la pensée de faire participer la nature à la décoration de leur scène. Dans leurs théâtres, constructions isolées et complètement closes, ils usaient de toiles peintes quand la décoration architecturale permanente du fond de scène ne suffisait pas à souligner l'action.

Mais, à Taormine plus que partout ailleurs, quel regret de voir disparaître derrière un grand mur la magnificence du paysage!... La splendeur du portique corinthien, des marbres rares et des statues appliqués sur ce mur ne suffirait pas à nous consoler. Mais le temps a su pour nous mettre les choses au point. Le portique et le grand mur sont en ruine et ce qui reste debout nous fait encore mieux apprécier la noble simplicité et la belle conception du Théâtre grec.

C'est en 396 que les habitants de Naxos se réfugiaient sur le Tauros. La date de l'édification du Théâtre se plaçant vers l'an-

née 358, on s'étonne de voir, trente-huit
ans à peine après sa fondation, Taormine
déjà dotée d'un monument aussi complet
et aussi magnifique. La raison en est simple : les Grecs, descendants des fondateurs
de Naxos, apportaient avec eux leur atavisme raffiné, leur civilisation très avancée, leurs traditions séculaires. Grâce à la
forte initiative de leur célèbre chef Andro-
machus, l'essor de la nouvelle colonie fut
rapide. Taormine, défendue par une position exceptionnelle, solidement fortifiée,
largement peuplée, devint une seconde
Naxos, mêlée à tous les événements historiques de la Sicile. On la voit tout de suite
influente, tantôt alliée, tantôt ennemie de sa
puissante voisine Syracuse ; guerroyant
avec succès contre les Carthaginois ; tenant
tête aux Romains eux-mêmes. Malgré la
conquête romaine de 212, Taormine conserve, comme ville forte importante de la
côte ionienne, une sorte d'indépendance.
Elle ose encore, de 139 à 131, combattre
contre Rome dans la première guerre des

Esclaves. Toujours florissante, au dire de Strabon, pendant le premier siècle avant Jésus-Christ, elle prit parti pour Pompée contre Octave. Le triomphe d'Auguste mit fin à son esprit de révolte et de particularisme et la réunit définitivement à l'Empire romain.

Nous vivons toute cette journée au milieu des ruines du Théâtre grec, inconscients de la fuite des heures. La nuit nous y surprend, oublieux du temps présent, retenus par le charme de ces grands souvenirs d'histoire et d'art que ces lieux enchantés réveillent autour de nous.

Samedi 21 mars. — Dès le matin nous sommes sur la terrasse du beau jardin de San Domenico. Les chauds rayons du soleil répandent partout la lumière et la vie. Plus bleus semblent les flots de la mer, plus fortes les effluves qui montent du rivage, plus enivrants les parfums des fleurs épanouies autour de nous. L'Etna, plus majestueux que jamais, découpe sur l'azur du ciel la ligne impeccable de sa cime de neige immaculée. Le Théâtre grec dresse sur son piédestal de granit ses ruines lavées d'ocre et cernées d'ombres violettes. Les falaises à pic et la chaîne des montagnes étagées sur la côte de Calabre se noient dans une auréole de pourpre et d'or. La grandeur des lignes, la puissance des colorations, la pureté de l'atmosphère nous imposent une irrésistible impression de sérénité et de beauté.

Mais nous devons visiter aujourd'hui en détail la petite ville que nous avons négligée jusqu'ici : il nous faut quitter notre observatoire embaumé.

Taormine est bien déchue. Cependant, elle prolongea dans les temps modernes l'ère de prospérité des temps antiques. Mais par sa forte situation, par son industrie, par son haut degré de civilisation, elle ne manqua pas d'attirer la convoitise des conquérants successifs de la Sicile. Les Sarrasins la prirent une première fois d'assaut, en 893, sans pouvoir en garder la possession. Ils revinrent périodiquement : en

902, en 962 avec l'émir Hassan, en 968 enfin, avec le calife al Moëz, qui assiégea de nouveau la ville, et, exaspéré par une résistance héroïque, massacra une grande partie des habitants. Taormine voulut survivre à tant de désastres, et, lorsque Robert Guiscard et ses chevaliers normands s'en furent emparés en 1078, ils s'empressèrent de favoriser sa renaissance. Les nouveaux conquérants apportèrent, avec leur système de protection féodale, les élégances de leur art normanno-sarrasin. Malgré tout, la décadence s'accentuait et la dynastie espagnole avec ses hauts seigneurs ne sut pas l'enrayer. Les habitants de Taormine n'oubliaient pourtant pas leurs traditions millénaires et leur constant amour de la liberté. Aussi, en 1676, ils se hâtèrent de s'associer à la révolte de Messine, qu'avait provoquée le mauvais gouvernement des souverains espagnols et que vint soutenir l'ambition de Louis XIV.

La flotte française mouilla dans les eaux de Taormine. Commandée par Duquesne, elle combattit victorieusement la flotte hollandaise sous les ordres du grand Ruyter, que la mort attendait là. Mais au moment où Taormine rêvait de reprendre, avec l'appui des Français, une sorte d'indépendance, Louis XIV, impatient de conclure la paix générale à Nimègue, abandonna la Sicile aux représailles du roi Charles II.

Dès lors Taormine dépérit rapidement et fut bientôt réduite à un rôle effacé et aux quatre mille habitants qui la peuplent encore. Malgré tant de péripéties, malgré maints tremblements de terre. répercussion des éruptions de l'Etna, dont les effets furent atténués par la solidité du rocher du Tauros, elle a conservé quelques débris, témoins de ses périodes prospères, qui vont nous apporter leur part d'intérêt artistique et historique.

En sortant de San Domenico, nous rencontrons la Cathédrale. Elle montre encore un joli porche gothique sur sa façade latérale. L'intérieur est divisé par six colonnes de granit terminées par des chapiteaux byzantins. Sans grande valeur d'art, elle ajoute une note pittoresque à la petite place qui s'étend alentour et qu'orne en son milieu une amusante fontaine de la première Renaissance. Autour d'un grand bassin quatre colonnettes supportent des chevaux marins lançant l'eau dans des coquilles. Au centre, autour d'un balustre, deux vasques superposées que soutiennent des figurines. Au sommet, une sorte de minotaure antique est greffé d'un buste de saint tenant le globe du monde et la croix. Cette sculpture symbolique des temps païens et chrétiens résume l'histoire même de Taormine à travers les siècles et lui sert d'armoiries. On la voit reproduite en plusieurs endroits.

A la fontaine viennent s'abreuver les ânes et les mulets empanachés. Des femmes, des fillettes s'y pressent pour remplir leurs grands vases de terre cuite, véritables amphores antiques. Leurs allées et venues, leurs gestes nobles, leurs groupes bariolés, leur fière et souple démarche de nymphes lorsqu'elles s'éloignent portant leur fardeau penché sur l'épaule, complètent dans le cadre de la petite place à prétention architecturale, un joli tableau, plein de couleur et de mouvement.

Toute proche est la sortie de la ville vers Catane. Une grande porte arabe découpe son ogive lancéolée dans les murs à demi écroulés des fortifications normandes. Ces ruines empruntent un reflet de beauté au magnifique horizon sur lequel elles se détachent en silhouette : c'est la mer, c'est l'Etna et ses flancs tourmentés et luxuriants, c'est le triangle de neige éblouissante qui accentue la chaude patine des vieilles pierres.

Parmi les ruines, les façades encore debout du vieux palais San Stefano ont gardé de belles et hautes fenêtres, du treizième siècle, formées d'un arc unique à cintre outrepassé. Dans cet arc s'inscrivent deux baies ogivales trilobées et une rose, avec colonnettes et moulures ornées. La corniche aligne une suite de mâchicoulis sculptés, portant une haute frise incrustée d'*ondes* de marbre coloré. Nous revoyons l'élégance et le charme de l'architecture normanno-sarrasine dans cette somptueuse demeure des puissants seigneurs de Taormine, les Spuchees, princes de Galati et ducs de San Stefano.

De la porte de Catane à la porte de Messine, une large voie, le Corso, traverse toute la ville. D'un côté, les maisons qui la bordent surplombent l'abîme et planent sur la mer. Du côté de la montagne, se ramifie un réseau de petites rues étroites, dallées et fraîches, d'aspect espagnol. Çà et là, quelques jolies portes ou quelques baies géminées, en arcs d'ogives de style gothique siculo-normand, ou en arcades de la Renaissance retombant sur des pilastres.

Dans ce dédale de ruelles nous arrivons à la Badia Vecchia, ruines présumées d'un couvent de femmes. Ici encore nous admirons de grandes baies ogivales du treizième siècle très ornées, avec arcs trilobés et rosaces. Les vieux murs sont couronnés par une série de créneaux arabes à double pointe. En ce coin perdu de la petite ville, quelle mélancolie se dégage de ces restes d'un art original et précieux, témoins des jours heureux et irrévocablement voués à l'abandon et à l'indifférence des hommes!...

Nous suivons jusqu'au bout le Corso qui se termine à la place Vittorio Emanuele. L'intéressant palais Corvaja y dresse ses murs nus et sévères de forteresse, portant, en leur sommet, les créneaux dentelés byzantino-arabes. Ils sont percés de rares fenêtres à ogives d'un beau style. Bâti en 1282 par les rois d'Aragon, le palais Corvaja servit d'asile, au quinzième siècle, suivant une légende accréditée, au roi Jean II, qui s'y réfugia au cours de sa vie aventureuse, pleine de désordres et de crimes. La cour intérieure nous conduit à l'escalier où sont encore visibles de curieux et rustiques bas-reliefs du quatorzième siècle, représentant la création d'Ève, la chute de l'homme, Ève filant et Adam travaillant à la terre.

Auprès du palais, voici la façade pittoresque de la petite église de Santa Catarina. La porte d'entrée et la fenêtre qui la surmonte sont accompagnée de pilastres et de frontons de la Renaissance.

Nous sortons de la ville par la porte de Messine dans le faubourg qui a conservé le nom sarrasin de *Rabatto*. Quelques pauvres maisons se groupent là autour de San Pancrazio, modeste sanctuaire qui a pris possession de la cella d'un petit temple grec pro-style, révélé par quelques rares vestiges. Il doit son intérêt à la tradition qui le considère comme le premier autel chrétien en Sicile, élevé à l'instigation de saint Paul, lors de son passage à Syracuse. San Pancrazio, envoyé par saint Pierre pour évangéliser Taormine, y fut martyrisé.

Hors la ville encore, au-dessous des ruines du Théâtre grec et au long de la belle route qui monte du rivage de la mer à Taormine, se rangent les restes, assez mal conservés, d'une importante Nécropole romaine. Nous retrouvons là, dans sa forme habituelle, la *Voie des tombeaux* des villes de l'antiquité, servant de promenade aux anciens que l'image de la mort n'effrayait point et qui ne craignaient pas de l'associer aux distractions de ce monde

La beauté du ciel, la fraîcheur des verdures nous attirent dans la campagne. Au flanc du rocher, nous montons jusqu'au château fort. La vue est splendide. Mais nous l'avons escomptée sur la terrasse de notre hôtel et surtout au Théâtre grec, où la nature et l'art s'unissent dans une si magnifique synthèse. Notre admiration ne peut aller au delà.

Au-dessus de nous, sur son piédestal isolé, la petite ville de Castel-Mola ne fait qu'un bloc, irrégulièrement dentelé, avec ses maisons, ses remparts et la roche qui les supporte. Nous gravissons quelques lacets de l'unique sentier qui y mène. Plus de charrettes : les ânes et les mulets peuvent seuls affronter ce chemin rocailleux suspendu sur l'abîme. Nous les rencontrons, montant et descendant, lourdement chargés, mais le pied sûr malgré les pierres qui roulent sous leurs pas. Les paysans qui les guident, maigres, élancés, à l'allure souple et libre, passent près de nous sans paraître nous voir. Nous retrouvons encore ces visages émaciés, totalement fermés ou nuancés d'une indifférence dédaigneuse. Quel amour du foyer ne faut-il pas à ces pauvres habitants de Mola pour vivre en ce nid d'aigle, séparés du monde, loin de tout, privés de toute communication au moindre caprice de la nature! Mais leur ciel est si pur, leur climat si généreux, leurs petits jardins si abondants en olives et en oranges!... Avec l'eau fraîche de la source prochaine, leur vie matérielle est assurée. Ils restent là suspendus entre le ciel et la terre, continuant de génération en génération une immuable et rudimentaire existence, dont ils auraient vite ailleurs la nostalgie.

Nous redescendons au long du précipice où dévalent, dans un délicieux chaos, les amandiers, les orangers, les citronniers.

Aux pentes plus rapides, les rochers seuls émergent des touffes de cactus et d'agaves aux larges feuilles charnues, bordées d'épines noires acérées. Par places, une haute ligne d'opuntias, serrant leurs raquettes armées de dards, trace une infranchissable clôture. Dans le crépuscule qui monte et noie déjà dans l'ombre le fond des vallées, nous rentrons à Taormine avec la troupe des travailleurs des champs. Que de types variés où se révèle l'histoire ethnographique de la Sicile tout entière! Plus que partout ailleurs, c'est le type grec qui domine ici. Les jeunes gens, fillettes et garçonnets, conservent, surtout pendant leur adolescence et avant toute déformation professionnelle, une pureté dans les lignes, une élégance native dans le geste, une régularité dans les traits du visage, qui fait penser aux exquises statuettes tanagréennes. Quelques femmes ont gardé le type arabe, et, comme les femmes d'Orient, s'alourdissent vite après la première jeunesse. Elles se parent, curieux rapprochement, de grandes boucles d'oreilles et de colliers, en plaques de cuivre repercées, exactement semblables aux bijoux des femmes arabes de Tunisie ou d'Algérie.

Avant de nous décider au repos, nous prolongeons notre veillée sous les bosquets du jardin de l'hôtel San Domenico, dans la douceur et dans la paix silencieuse d'une nuit lumineuse et printanière.

Dimanche 22 mars. — Dès l'aurore, nous entendons tinter tout près de nous la cloche de l'église de San Domenico. Elle nous annonce le jour de la prière et du repos et nous obéissons à son invite discrète. Un petit cloître enveloppé d'ombre nous conduit à l'église. Les moines, drapés dans la blancheur de leurs robes, ne passent plus au long des arceaux soutenus par de fines colonnes ioniques. Seuls, quelques rares touristes font retentir sous leurs pas les larges dalles usées, et une grande tristesse se lève autour de nous de ces lieux abandonnés, pleins de religieux souvenirs.

L'intérieur de l'église est de style baroque et d'aspect espagnol. Une riche décoration du dix-septième siècle, des peintures et des moulures dorées couvrent les murs et les voûtes. Des statues de madones et de saints se multiplient. violemment colorées, chargées de bijoux, revêtues d'étoffes à ramages. Mais les peintures sont enfumées et s'effritent, les ors sont éteints, les draperies sont fanées. Tout se noie dans une teinte sombre, uniforme, qui accentue la déchéance des splendeurs évanouies.

Les humbles paroissiens siciliens qui assistent à l'office dominical ne s'en préoccupent certes pas. Nous les voyons, hommes et femmes en nombre à peu près égal, pieusement prosternés sur la pierre. C'est avec une certaine honte pour notre sybaritisme de citadins que nous prenons des chaises, découvertes avec peine derrière un pilier. Les têtes des Siciliennes, enveloppées d'étoffes aux couleurs éclatantes, ondulent comme un champ de fleurs fraîches. Les hommes sont vêtus de bure et tiennent presque tous à la main le long bonnet de laine national. Tous ont une attitude recueillie et digne, dont nous ne manquons pas d'être frappés.

C'est notre dernière journée à Taormine : nous voulons la consacrer tout entière au Théâtre grec, y raviver de précieuses impressions. Encore une fois, nous promenons sans lassitude notre rêverie à travers les ruines, gravissant les gradins, traversant l'orchestre, montant sur la tribune. Nous évoquons encore les grandes ombres des poètes immortels et de leurs tragiques héros, qui ont vécu dans ces murs et fait vibrer les foules. Nous voyons se dérouler les longues théories des processions, les défilés profanes, les bacchanales, les danses rythmiques et sacrées. En ce cadre merveilleux et unique, ces images prennent une intensité et une réalité qui nous enchantent.

Au sommet des ruines, un modeste musée nous attire un instant. De la riche décoration du Théâtre, il ne reste rien. Les revêtements de marbre, les mosaïques, les vases, les statues ont disparu. Les guerres séculaires, les sièges, les pillages, le fanatisme iconoclaste des Sarrasins ont eu ici leur action néfaste et incessante. Il faut y ajouter le geste inconscient des ducs de San Stefano qui, émules des Barberini, ne craignirent pas de dépouiller le Théâtre de ses dernières richesses décoratives au profit de leur propre palais.

Quelques rares débris ont échappé à toutes ces causes de destruction et le petit musée les a soigneusement recueillis. Nous y remarquons une tête de Bacchus, une Centauresse, une tête d'Apollon d'un assez beau caractère, un fragment de mosaïque, un curieux sarcophage, de basse époque, déployant une bacchanale très mouvementée.

Mais que sont ces quelques œuvres mortes auprès des ruines toujours vivantes! Le décor reste le même : la mer, l'Etna, les montagnes de Sicile et de Calabre, fond de scène sur lequel se détache la majesté des vieilles pierres patinées par les siècles et des pylônes à demi écroulés. Mais, cet immuable décor, nous le voyons emprunter à chaque heure du jour un renouveau de beauté. Du matin au soir, il se transfigure sous la lumière changeante, dans la variété inépuisable des colorations nuancées à l'infini. C'est un spectacle dont nous ne pouvons nous détacher, dont nous remplissons nos yeux. C'est une vision de nature et d'art d'un parfait équilibre, dont l'âme émue et satisfaite subit l'harmonie et garde à jamais la forte sensation.

Avec peine nous nous décidons au départ. A cinq heures, nous quittons Taormine et nous redescendons les lacets vers Giardini. C'est dans la splendeur empourprée d'une belle journée finissante que nous allons pouvoir gagner Messine.

De Giardini à Messine la ligne du chemin de fer, en corniche, s'enfonce au long du détroit dont les bords se resserrent de plus en plus. Les hautes montagnes que nous côtoyons se prolongent dans la mer en promontoires escarpés entre lesquels se courbent de jolies criques où le flot rejoint les bois de limoniers et d'orangers. Sur ces promontoires se détachent au milieu des masses de verdure les ruines pittoresques de vieux châteaux. C'est le cap San Alessio, égayé par la petite ville blanche de Forza; c'est le cap San Ferdinando qui porte les restes du castel des princes Alcontres. Nous franchissons le *fiume di Nisi* dont les rives s'enfoncent dans une forêt touffue. Ces lieux furent le théâtre d'un des plus sombres drames de l'histoire.

Au douzième siècle, le terrible Henri VI, fils de Frédéric Barberousse et empereur d'Allemagne, était devenu roi de Sicile par son mariage avec Constance, fille de Roger II, et héritière de son neveu Guillaume II mort sans enfant. Esprit cultivé, mais politique plein d'astuce et de cruauté, Henri VI fit sentir sa main de fer à ses nouveaux sujets et se les aliéna rapidement. Profitant de son retour en Allemagne où il

affermissait sa puissance discutée, les Sici
liens, entraînés par les princes normands,
se révoltèrent. Ils proclamèrent successivement roi de Sicile Tancrède de Lecce, fils
naturel du duc de Pouille, frère de la reine
Constance, et, après sa mort, son fils Guillaume.

Henri VI accourut du fond de l'Allemagne, reprit possession de ses États et se
livra à des représailles qui l'égalèrent aux
tyrans les plus monstrueux de l'antiquité.
Tancrède fut déterré et son cadavre pro-
fané. Son fils Guillaume fut aveuglé et
relégué en Allemagne; les supplices les
plus atroces semèrent partout la terreur.
Les princes normands, la reine Constance
elle-même n'hésitèrent pas à verser à
Henri VI le poison dont il sentit les atteintes
au cours d'une chasse, en ces délicieux bois
du Nisi que nous admirons de loin. Sa mort
pacifia la Sicile dont la possession fut assurée
pour cent cinquante ans à son fils et à la
maison de Hohenstaufen. Elle devait, elle
aussi, par un implacable retour des choses,

finir dans le sang de l'infortuné Conradin.

La route continue sur ces rivages paradisiaques, dont la fertilité nous rappelle la côte de Palerme. Sur les premières pentes de la montagne qui s'écarte dans les terres, nous apercevons encore le château de Scaletta Zancla, demeure des Ruffo, princes de Scaletta, et les arbres du Campo-Santo. Mais le crépuscule s'achève et la nuit est venue lorsque nous atteignons Messine.

C'est un simple abri que nous offre l'hôtel V..., le plus renommé de la ville. Sa cour à arcades, son grand escalier de pierre, son haut *piano nobile*, l'immense chambre qu'on nous y donne, dissimulent mal l'absence de tout confort moderne. *Pasiensa!...* comme disent les Italiens résignés à subir, sans murmurer, les mauvais coups du sort.

Lundi 23 mars. — Dès le matin, nous ouvrons notre fenêtre et nous sortons sur un large balcon de pierre. Notre pauvre gîte fait partie de la Palazzata, ce grand monument dont le rez-de-chaussée à bossages est percé d'arcades et porte de hautes et solennelles colonnades à entablement. Il borde les quais sur une longueur de plus d'un kilomètre et, du pont des navires qui passent par le détroit, on le voit donnant à Messine une allure de grande ville : les habitants de la « noble » cité en sont très fiers. Pour nous, il a en ce moment le mérite d'un observatoire dominant le port tout entier et les quais pleins d'animation.

D'une grande profondeur, d'une sécurité absolue, le port de Messine est défendu des forts courants du détroit par une langue de terre d'alluvion largement recourbée qui l'enserre, ne laissant à sa pointe qu'un étroit goulet. La Fable nous apporte encore ici, en cette *Terre des dieux*, l'attrait d'une de ses légendes. Cette presqu'île protectrice n'est autre que la *faucille* de Saturne. Il la laissa tomber dans la mer, lorsque, chassé du ciel par son fils Jupiter, il gagnait le royaume de Janus, dans le Latium, où il allait devenir le dieu de l'agriculture.

Voici donc devant nos yeux le *port Creux*, refuge béni d'Ulysse échappé à Charybde et à Scylla, voici le détroit au courant rapide, la côte rocheuse, la fontaine recouvrant la source, aiguade séculaire des navigateurs. Tels ils sont encore dans leurs grandes lignes, tels ils sont décrits dans l'*Odyssée* avec une étonnante précision, qu'égalent à peine les *Instructions nautiques* en usage dans nos temps modernes. La configuration des lieux et la légende imposèrent le nom de Zancla, *la faucille*, à Messine, lorsqu'elle fut fondée vers 735 par des pirates grecs, séduits par cette rade naturelle d'où ils guettaient le passage des navires dans le détroit.

Venus de Chalcis ou de Samos, point sur lequel Polybe, Diodore et Thucydide ne sont pas d'accord, ces premiers colons furent renforcés et assagis par les émigrations successives des Messéniens, après la deuxième et troisième guerre de Messénie, en 668 et 455. Le Messénien Anaxilas, devenu tyran de Rhegium, aida ses compatriotes à s'affermir dans leur conquête. Enfin, une troisième émigration, en 404, assura définitivement la possession de la côte aux Messéniens et le nom de Messine à Zancla, le vieux nid de pirates transformé en grande cité commerciale.

A toutes les époques, en effet, le commerce mondial fut l'unique objectif de Messine, favorisée par son admirable situation à l'entrée du canal qui relie les rivages du nord de la Méditerranée aux régions du midi. C'est là la route directe d'Occident en Orient, que sillonne un des courants les plus importants du trafic et de l'activité des hommes. La ville s'étalait sur les pentes du Dinnamare, un des sommets peu élevés de la chaîne des monts Pelores, qui lui faisaient un rempart colossal contre toute incursion venant de l'intérieur. Aussi, le développement de Messine fut-il, comme celui de Venise, tout extérieur, et elle se mêla le moins possible aux divisions intestines de la Sicile. Elle resta neutre dans la querelle entre Athènes et Syracuse. Aussi, après avoir subi le joug des Carthaginois, leur invasion funeste sous la conduite d'Himilcar en 399, elle trouva dans les tyrans de Syracuse, Denys et Agathocle, des protecteurs qui favorisèrent son relèvement. Toujours soucieuse de ses intérêts matériels, elle accueillit les Romains dès la première guerre punique et fit partie de l'Empire sans secousse, sans avoir subi les désastres de la conquête.

Pendant les temps antiques, Messine sut donc conserver une sorte de liberté et maintenir sa maîtrise commerciale. L'ère chrétienne la vit continuer ses mêmes errements. Ses maîtres successifs n'y apportèrent aucune entrave, convaincus que l'intérêt général de leur nouvelle conquête était intimement lié à la prospérité de la grande cité.

Les Byzantins, les Sarrasins en 831, les Normands avec Roger Ier en 1061, ne lui firent que légèrement sentir leur autorité et ne troublèrent en rien son développement. Par suite, les habitants de Messine montrèrent de tout temps un grand désir d'indépendance, une tendance au particularisme, un espoir constant de devenir ville libre. En 1670 ils trouvèrent un prétexte de révolte dans le mauvais gouvernement des souverains espagnols et accueillirent la flotte de Louis XIV commandée par Duquesne. Mais l'égoïste abandon du Grand Roi les livra bientôt à la répression sans merci du roi Charles II. Messine fut dévastée, ses habitants exilés, dispersés, et si elle put se relever peu à peu, ce fut grâce à sa situation commerciale exceptionnelle.

Son esprit d'indépendance subsista quand même et en 1848 elle se révolta de nouveau contre la Maison de Naples. Le roi Ferdinand II la châtia sévèrement et infligea un cruel bombardement à la ville qui fut lente à réparer ses ruines. Cela ne l'empêcha pas, par une sorte de contradiction, de résister longtemps à la révolution piémontaise et ce fut seulement en 1861 qu'elle se rendit à Garibaldi, déjà maître depuis plus d'un an de toute la Sicile.

Si les annales historiques de Messine

abondent en vicissitudes, elle fut par surcroît singulièrement éprouvée à travers les
siècles par un terrible fléau, le tremblement
de terre : fléau à l'état endémique, toujours
menaçant, renaissant sans cesse, véritable
rachat de la splendeur des dons accumulés
par la nature en ces lieux privilégiés. Si
l'on trace une ligne reliant les trois volcans
d'Italie, le Vésuve, le Stromboli, l'Etna,
cette ligne traverse la presqu'île où s'élève
Messine. Elle était donc destinée à sentir le
contre-coup de tous les phénomènes suivant cette route de feux souterrains. Il
n'est pour ainsi dire pas d'année où Messine n'ait subi quelque alerte, secousses
sismiques, raz de marée, effondrements du
sol, entraînant des conséquences plus ou
moins graves. La fréquence des tremblements de terre a créé chez les habitants
un état d'âme très particulier, mélange de
fatalisme oriental, de courage indomptable,
de vitalité inlassable, mais aussi d'insouciance du danger, d'imprudence constante,
d'imprévoyance absolue. Si le désastre n'est

pas complet, ils en parlent à peine et il faut l'horreur d'une véritable catastrophe pour les faire sortir de leur mentalité fataliste.

Tel fut le tremblement de terre qui détruisit presque entièrement Messine en 1783. Les auteurs ne sont pas d'accord sur le nombre des victimes. Il fut grand : mais beaucoup d'habitants, avertis par des secousses prémonitoires, purent se sauver avant l'écroulement total des monuments et des maisons. Quant à la ville, ce n'était plus qu'un monceau de décombres, et la fameuse Palazzata s'était en grande partie écroulée. En même temps, sur les deux rives du détroit, tant en Calabre qu'en Sicile, trois cents villages avaient disparu..... Messine pourtant n'en mourut pas, et, malgré l'entrave momentanée d'un formidable raz de marée qui la dévasta de nouveau en 1823, elle reprit rapidement toute son importance.

Nous ne nous doutions guère, en recueillant ces notes de voyage, que quelques mois après notre passage, Messine devait traverser les affres d'un des cataclysmes les plus terrifiants dans l'histoire géologique de notre planète. Le 28 décembre 1908, à cinq heures du matin, au moment où le sommeil retenait encore presque tous les habitants dans leurs demeures, devait sonner pour la florissante cité maritime une heure d'angoisse, où des milliers de vies humaines s'éteignirent en quelques minutes, où le supplice de revivre en d'atroces et longs martyrs s'imposa à d'autres milliers d'êtres, où fut détruit instantanément tout ce qu'avait créé l'effort de maintes générations, où Messine, dix fois reconstruite, ne fut plus de nouveau qu'un désert de ruines amoncelées. Au tremblement de terre vint s'ajouter un violent raz de marée qui, parti du milieu du détroit, se précipita à la fois sur la côte de Sicile et sur la côte de Calabre. Tandis que s'abîmait dans les flots la pointe de Charybde, comme l'avait fait en 1783 la roche de Scylla, Reggio, San Giovanni, Scilla, Palmi, subissaient le sort de Messine dans toute son horreur.

Quatre ans après le tremblement de terre de 1783, Gœthe voyageait en Italie et abordait à Messine. Il trouvait les habitants encore logés dans des abris en planches, montrant une énergie extraordinaire et travaillant sans relâche à la résurrection de leur chère cité. L'olympien philosophe de Weimar n'en est pas trop ému. Il constate « la joyeuse insouciance des habitants » et leurs pauvres gîtes provisoires lui donnent l'impression « de baraques de foire où l'on montre pour de l'argent des bêtes sauvages et autres curiosités ». Notre génération n'a pas considéré la dernière épreuve de Messine avec une si haute et si stérile sérénité. Jamais la solidarité humaine ne s'est plus efficacement affirmée. Tous les peuples du monde ont tendu la main à leurs frères infortunés de la Sicile et de la Calabre et leur ont apporté tous les réconforts de l'âme et du corps. A Messine, la vie publique, l'activité commerciale ont déjà reparu. Les mesures les plus énergiques ont été prises pour faire renaître encore une fois de ses cendres la pauvre ville dévastée. Le succès final ne fait doute pour personne et nul ne voudrait refuser son admiration. Mais n'est-il pas à craindre que l'atavisme séculaire dédaigneux du péril, et l'orgueil national exigeant impérieusement de hauts monuments de pierre et de marbre, maintiennent pour l'avenir la menace renouvelée de terribles dangers?.....

Aujourd'hui, bien inconscients de la catastrophe trop prochaine, égayés par un soleil radieux, nous commençons allégrement notre promenade à travers Messine. En rappelant nos souvenirs, nous l'avons vue repaire de pirates, cité régulière et commerçante, escale naturelle des navires étrangers, port indiqué pour l'exportation des produits de toute la Sicile. Elle ne pouvait être par surcroît une ville d'art. Nous nous en convainquons en parcourant de larges voies, telles que le Corso ou la via Garibaldi, bordées de hautes maisons banales, de magasins élégants, remplies d'une foule active et préoccupée d'affaires.

L'art grec n'a laissé ici aucune trace. Cicéron mentionne bien l'existence, en son temps, de quelques temples ornés de statues, de la période romaine. Mais il n'en reste plus aucun vestige. Le seul monument intéressant qui ait résisté à toutes les calamités, c'est la cathédrale. Fondée en 1098 par Roger Ier, elle s'effondra bien des fois et bien des fois fut remaniée, restaurée, dénaturée, surtout après le tremblement de terre de 1783. L'extérieur est de styles très divers et incohérents. Nous admirons encore à l'intérieur vingt-six belles colonnes antiques, une chaire en marbre et quelques statues des Gagini, d'une facture adroite, auprès de tombeaux insignifiants.

Sur la place qüi s'étend devant le portail de la Cathédrale, une fontaine datée de 1551, par le Florentin fra Angelo Montorsoli, élève déchu de Michel-Ange. En marbre noir et blanc, elle est surchargée de nymphes, de dieux marins, d'animaux. Ici, le pittoresque prime la pureté des lignes et le style des figures. Montorsoli est aussi l'auteur de la fontaine que nous avons aperçue de notre fenêtre, sur le port. Elle est surmontée d'une statue colossale de Neptune, accompagnée de deux figures contournées représentant Charybde et Scylla, où l'exagération des formes trahissent la décadence de la sculpture italienne.

Quant à l'art de la peinture, il est bien modestement représenté au petit Musée qui se morfond dans l'ancien couvent de Saint-Grégoire. D'Antonello de Messine lui-même, le grand maître local, il ne nous montre qu'un triptyque, le seul tableau vraiment authentique d'Antonello que possède la Sicile. Sur les volets, des Anges et l'Annonciation ; à l'intérieur une *Madone entre saint Grégoire et saint Benoît*. Composition banale, sèche et froide, elle ne donne aucune idée de la maîtrise du grand peintre dans ses vigoureux et rares portraits. Là, s'affirment ses hautes qualités d'interprète précis de la nature humaine, d'observateur profond de l'expression des visages, servie par une exécution serrée d'impeccable praticien. Avec admiration nous nous souvenons des chefs-d'œuvre de l'Académie de Venise et surtout de la précieuse *Tête de Condottiere* à notre Musée du Louvre.

Nous montons au Campo-Santo qui, à une demi-heure de la ville, couronne un contrefort de la montagne. C'est un parc immense accidenté, verdoyant et fleuri, qui, suivant la tradition antique, sert de promenade et où les tombes tiennent peu de place. On les oublie d'ailleurs sous les bosquets de lauriers et de chênes verts, à l'ombre des rideaux de hauts cyprès, au long des guirlandes enchevêtrées des rosiers grimpants. Il faut encore y ajouter l'enchantement d'un magnifique panorama. Nous planons au-dessus de la ville, qui étincelle sous les feux d'un splendide soleil d'après-midi. Elle s'étale en éventail au long du port couvert de navires, de pavois et de mâtures. Comme un large ruban moiré d'azur et d'argent, les eaux du détroit s'étendent devant nous, rasant la côte qui fuit vers le nord jusqu'à la pointe du Faro. De tous côtés,

Messine s'encadre dans la puissante verdure des bois *d'agrumi,* où éclate par places la blancheur des villas. Plus haut, c'est l'aridité sévère du rocher, qui termine la montagne en crêtes aiguës et que des siècles de soleil ont coloré d'un ton rouge ardent. Par delà le détroit, la masse ondoyante des Monts Calabrais apparaît comme noyée dans l'or fluide.

C'est partout un rayonnement de lumière de couleur éclatante, de vie intense. Comme on comprend ici l'irréductible amour des habitants pour leur édénique patrie! Comme on s'explique qu'ils acceptent de payer la lourde rançon d'une telle beauté par un héroïque stoïcisme et un inaltérable attachement!

VI

DE MESSINE A PARIS

Mardi 24 mars. — Nous avons quitté cette nuit la Sicile. Nuit de féerie, nuit de rêve, bien faite pour aviver l'intensité de nos regrets !...

Sur le ferry-boat qui nous arrache à la *Terre des dieux*, nous traversons un paysage nocturne baigné dans la limpidité d'une lumière presque surnaturelle, où chante la sonorité d'une symphonie de bleus. Notre nef trace son sillon, frangé d'écume, sur une mer de saphir. Au-dessus de nos têtes se tend le velours, semé de clous d'or, d'un ciel sans nuages. Presque noir au nord, il se dégrade imperceptiblement vers le sud, fermant l'extrémité du détroit d'une dernière teinte claire, qui semble un léger voile bleu suspendu devant la porte de l'Orient. La Sicile nous apparaît comme un bloc énorme, aux croupes arrondies, noyé dans un seul ton puissant de Payne's Green, où brillent les lumières de Messine, les lueurs vertes et rouges des signaux et des phares. A mesure que nous nous éloignons de la côte sicilienne, la presqu'île calabraise grandit, colorée d'un bleu moins sombre. Semée aussi de points lumineux, elle reflète encore quelques instants les clartés du couchant qui, de l'autre côté du détroit, derrière les montagnes de Sicile, s'éteignent peu à peu.

Quand nous abordons à Reggio, la nuit est profonde. Attristés, comme à la disparition d'un splendide décor sur lequel le rideau vient de tomber, nous cherchons l'oubli au fond de notre sleeping, au bercement heurté du « rapide » qui va nous conduire directement à Rome.

Ce n'est pas le vrai sommeil que nous y trouvons. C'est une sorte d'engourdissement un peu halluciné, où défile la tumultueuse variété de nos impressions, où repassent devant nos yeux clos les beautés de l'antique Trinacria, de la Sicile des Arabes et des Normands, agrandies, déformées, hétéroclites et confuses.

Les freins gémissent tout à coup : un brusque arrêt nous réveille et nous écartons vite les rideaux de notre prison roulante. Sous nos yeux, un ciel d'aurore teinté de vert doré et de rose, une grande plaine qui court jusqu'à la ligne indigo de la mer, trois temples grecs, merveilleusement roses, eux aussi, dont les solennelles colonnades se profilent dans la lumière vibrante, au-dessus de la plaine verte et des eaux bleues... Sommes-nous donc retournés en Sicile pendant notre sommeil? Rêvons-nous encore?... Mais non, nous sommes bien éveillés et nous passons devant les ruïnes de Pæstum, qui nous apportent le regain de nos belles émotions d'antan et la joie d'un coin de Grèce encore entrevu.

Voici le golfe de Salerne, voici ses rives escarpées qui fuient vers Amalfi et qui jadis nous ont préparés aux splendeurs de la côte de Palerme. Ici, même séduction du ciel, des eaux, des rochers, des verdures; mêmes empreintes laissées par les Sarrasins et les Normands, captivés et retenus sur ces bords comme aux rivages de Sicile.

Tout disparaît : nous entrons dans le massif des Apennins dont les cimes sont frottées de neige. Blottie au fond d'une gorge étroite, voici encore l'hospitalière petite ville de la Cava dei Tirreni, d'où nous sommes joyeusement partis pour Pæstum et que nous saluons d'un souvenir ému.

Mais le train court impitoyable. A peine avons-nous le temps d'apercevoir l'éblouissante baie de Naples et le Vésuve qui, pour l'instant sournoisement tranquille, n'arbore même plus son panache de fumée. Comme un éclair, nous traversons la Campanie, nous entrons dans le Latium et voilà Rome qui apparaît : il est trois heures après midi.

Une déconvenue nous y attend. Des

légions de « Cooks », non plus Anglais comme jadis, mais tous Allemands, hélas! se sont abattus sur la ville comme des nuées de sauterelles. Notre vieux gîte, si bien situé dans la via del Tritone, est comble et nous en sommes réduits à demander un asile au C... (hôtel de premier ordre, trois cents chambres, disent les guides). Sa jeune et monumentale façade regarde la non moins moderne Stazione di Termini. Son confort, ses enfilades de salons luxueux, son orchestre au-dessus duquel les grandes gerbes des plantes tropicales battent la mesure, ne suffisent pas à nous consoler.

Vite en voiture et nous voilà bientôt aux terrasses du Pincio. Nous retrouvons notre joie à la vue des fraîches verdures de la Villa Médicis et du Parc Borghèse; devant la Ville Éternelle déployant sa ligne superbe, couronnée de dômes, de flèches, de palais et qu'encore une fois le soleil déclinant noie pour nous dans une apothéose de pourpre et d'or... Notre âme est rassérénée et nous dormirons mieux cette nuit.

Mercredi 25 mars. — Pendant les trop courtes heures de notre présent passage à Rome, la douce sensation de nous y trouver « chez nous » ne nous fait pas défaut. Nos cœurs de latins, de chrétiens et d'artistes en jouissent avec bonheur. Il s'y mêle pourtant quelque amertume. Notre nouvel hôtel est situé en plein milieu des quartiers neufs et, en sortant ce matin, ce n'est plus la Rome antique, ce n'est plus la vieille Rome papale qui nous apparaît. C'est Rome capitale de l'Italie... Tout est neuf autour de nous. A peine apercevons-nous l'entrée de Sainte-Marie des Anges et l'emplacement des Thermes de Dioclétien noyés dans les maisons modernes. Nous ne voyons que grands boulevards, bordés d'énormes bâtisses, telle la via Venti Settembre où logent les ministres.

Nous nous engageons dans un réseau de rues nouvelles, alignées au cordeau et toutes semblables, dont les noms rappellent de très récents souvenirs : la via Montebello, la via Gaeta, les rues du Prince-Amédée et du Prince-Humbert, la piazza della Indipendenza, la via Cavour. Un peu troublés, nous nous demandons si nous sommes à Vienne, à Paris ou à Saint-Pétersbourg. Mais non, nous sommes à Rome capitale de l'Italie...

Sans doute, le fatal processus d'une transformation moderne était inévitable dès que ce titre de « Nessus » était infligé à Rome par les événements. Peut-être pourrions-nous prendre notre parti de cette irréductible nécessité, si cette transformation se bornait à ces quartiers loin du centre, peu habités, où s'étendaient de grands espaces inoccupés. Mais que dire de la pénétration des formes modernes dans le cœur même de la vieille cité? Que dire en parcourant cette terrible via Nazionale, large, ensoleillée, sillonnée de tramways bruyants? On voulut en faire la grande voie triomphale de la Rome nouvelle : mais, pour descendre la pente du Quirinal, elle a dû faire un disgracieux crochet qui compromet singulièrement la majesté de son développement. Et pour cela, que de vieux aspects sacrifiés! Quel regret que la place de Venise dénaturée! Que dire aussi du non moins terrible Corso Vittorio-Emanuele? Avec sérénité on lui a fait traverser tout un quartier de Rome de part en part, infligeant aux vieux monuments, à San Andrea della Valle, au beau palais Massimi de Peruzzi, au délicieux petit palais Regis d'Antonio da Sangallo, à la pure Cancellaria de Bramante, au palais Sforza Cesarini, le voisinage de grandes et hautes maisons modernes, sans caractère et d'une audacieuse prétention architecturale. C'est Rome capitale de l'Italie qui le veut ainsi...

Il faut de grandes maisons à six étages à la Métropole d'un grand État, même si le besoin ne s'en fait pas sentir. Et c'est ici le cas. L'équilibre a été rompu entre les habitations et les habitants qui ne se sont pas trouvés adéquats à tant de splendeur. Les vieilles maisons ayant disparu, il a fallu se résigner à diviser ces somptueuses demeures en petits logements où les honnêtes travailleurs de Rome cherchent en vain le foyer modeste et tranquille dont ils étaient coutumiers. Ces superbes façades, ces grands escaliers de pierre, mènent parfois à des taudis, et, aux fenêtres couronnées de frontons et d'astragales, il n'est pas rare de voir sécher le linge familial de braves ouvriers ou de petits employés, qui voudraient trouver un autre gîte plus en rapport avec leurs ressources et leur genre de vie.

Mais Rome est capitale de l'Italie... En recevant ce dangereux honneur, elle a sauvé à temps l'intégrité de Florence restée la ville exquise du Lys rouge. Plaise à Dieu que son sacrifice ne soit pas trop prolongé et que la fatale logique des choses ne poursuive pas jusqu'au bout la « Banalisation » de Rome ! Ce mot barbare, mais si expressif, a été prononcé. Nous ne l'avons pas entendu sans frémir et le passé nous rend anxieux de l'avenir.

Déjà les grands jardins de la villa Ludovisi et de la villa Wolkonsky ont disparu,

sans être remplacés par aucune œuvre de
beauté. Déjà se dressent menaçants, au
flanc du Capitole, le dépassant même en
hauteur, les échafaudages du monument
colossal de Victor-Emmanuel II. Que vont
devenir les vieilles petites rues d'alentour,
au pied du Capitole et de l'Ara Cœli, autour du Forum de Trajan? Ce charmant
quartier, de caractère si romain, précédait
si bien l'accès au Grand Forum, au Tabu-
larium, aux palais des Césars!...

Le monument élevé à Garibaldi se dresse
sur un immense terrain vide, au sommet
du Janicule : il domine Rome tout entière
et sa modernité ne choque en rien en cet
endroit. Peut-être aurait-on pu trouver
pour le « Roi galant homme » un emplacement analogue et tout aussi décoratif, sans
troubler l'harmonie séculaire et consacrée
de la vieille colline du Capitole...

Rome est un musée vivant qui appartient
au monde entier et, de ce fait, elle a droit
à un traitement de faveur, à des ménage-
ments tout particuliers. Les grandes collec-

tions d'art sont certes dignes d'admiration, mais les musées, on l'a dit souvent, ne sont au vrai que des nécropoles. Combien plus vivantes, plus suggestives, sont les belles ruines laissées en leur place!... Nulle part plus qu'à Rome, elles ne racontent plus éloquemment le passé, elles n'évoquent mieux l'âme des générations disparues, dans les lieux mêmes témoins de leur grandeur et de leur lente décadence. A chaque pas, Rome dévoile à notre curiosité les vieilles pierres où sont gravés les faits de son histoire. Sans elles, Rome ne serait plus Rome, et sa « banalisation » serait consommée....

Dieu veuille qu'il soit encore temps de sauver le patrimoine artistique et historique de la vieille Rome ! Espérons que la science éclairée avec laquelle on a poursuivi certaines explorations dans le passé, telles que les dernières fouilles si bien conduites du Forum, créeront une mentalité généreuse où se concilieront le respect des choses intangibles et les nécessités du temps présent.

Nous voulons à tout prix faire fuir nos visions pessimistes. Elles s'envolent vite sur les voûtes des palais des Césars, aux terrasses du Palatin, d'où le plus beau musée vivant du monde étale sous nos yeux ses richesses. Du portique des dieux et du temple de la Concorde jusqu'à l'arc de Titus, au Colisée et à l'arc de Constantin, c'est l'histoire mondiale, c'est la vie romaine tout entière, ce sont les annales des temps antiques qui se déroulent devant nous.

Nous voulons aussi revoir Saint-Pierre et le palais des papes. La grande basilique, dans sa majesté et sa pérennité, synthétise toute l'ère chrétienne. L'humanité ne cesse, depuis des siècles, de tourner ses regards vers le colossal sanctuaire, dont la large base repose sur la terre et dont la coupole semble élever jusqu'au ciel le rayonnement de la Croix.

Au mont Palatin, sur la colline du Vatican, c'est là vraiment que Rome est capitale, non plus seulement capitale de l'Italie, mais capitale du monde.

Jeudi 26 mars. — L'incomparable lumière de Rome, dans sa limpidité et sa pureté ensoleillées, éclaire notre dernière journée. Nous en profiterons, sans en perdre un instant, pour fixer en notre mémoire une ultime impression de la vieille Rome. A la place d'Espagne, aux degrés de l'escalier de la Trinité des Monts où le printemps prodigue l'éblouissement de ses couleurs et la séduction de ses parfums, nous courons nous fleurir. Nous suivons la via Sistina, la via del Tritone et nous saluons encore une fois le pittoresque décor de la Fontaine de Trevi. Par de vieilles petites rues discrètes, la via Lucchesi, la via Pilotta, nous gagnons le palais Colonna, une de ces fastueuses demeures où les princes romains ont gardé leurs trésors accumulés et leurs traditions hospitalières.

Grâce à notre itinéraire choisi, nous avons évité tout aspect moderne de la ville et nous pouvons oublier qu'au long d'une de ses façades, le palais Colonna a dû subir le fâcheux contact et la banalité de la via Nazionale. Du côté où nous l'abordons, nous ne voyons que la masse imposante du grand palais, dont les nombreuses ailes entourent deux cours solennelles, et que trois arches de pierre, franchissant la rue Pilotta, relient à de beaux jardins. Ils s'étendent au loin sur les pentes du Quirinal et apportent, pour longtemps encore, nous l'espérons, en plein milieu de Rome le charme et la fraîcheur de leurs luxuriantes verdures.

Construit au quinzième siècle par le pape Martin V Colonna, le palais a été remanié et augmenté au cours des siècles. Une suite de vastes salles, très riches mais sans grand caractère, nous conduit à la partie la plus intéressante, la célèbre et royale « Galerie » élevée en l'honneur de Marc-Antoine Colonna, qui commandait les galères chrétiennes à la bataille de Lépante en 1571. Œuvre d'Antonio del Grande, elle marque une date dans l'histoire de la grande décoration en Italie. Ce n'est plus la richesse sévère des appartements Borgia, ni la pure élégance des Stanze. Cependant Antonio del Grande, ainsi que ses collaborateurs Fontana, Coli et Gherardi, montrent encore ici une conception de grands décorateurs dans les portiques à colonnes, le plafond voûté à compartiments encadrant des sujets historiques, les panneaux de glace où l'ingénieuse fantaisie de Mario de'Fiori et de Carlo Maratta a répandu de jolies guirlandes de fleurs et de gracieuses théories de petits génies. Mais, il y a déjà surabondance de motifs, exagération de certaines moulures, emploi sans réserve de l'or et des couleurs. Un pas de plus et la décoration italienne va tomber dans le style baroque et commencer sa décadence.

Nous en voyons la preuve dans le mobilier que nous avons sous les yeux et de date plus récente que la décoration de la Galerie. Les consoles, les sièges s'alourdissent, se contournent, se surchargent de dorures et accompagnent mal de beaux restes de lampas et de magnifiques velours de Gênes, assez bien conservés.

Pendant cette évolution, notre art décoratif français poursuit un développement contraire et s'épure peu à peu. S'il trouve un enseignement dans l'étude des formes italiennes, il y ajoutera son goût personnel, sa mesure, son esprit de sélection et nous donnera, un siècle après la décoration de la Galerie Colonna, les salons et la Galerie des glaces de Versailles. Là, les Le Brun, les Le Vau, les Mansart, les Robert de Cotte et tant d'autres sauront allier à la plus grande richesse le respect des lignes architecturales et l'harmonie savante des détails.

Le Palais Colonna est un musée : beaucoup d'œuvres d'art, mais peu de premier ordre. Un seul antique nous retient dans le vestibule. C'est la *Joueuse d'osselets*, de l'époque de transition : une de ces délicieuses figures où l'art grec excellait à rendre la gracilité et la pureté de l'enfance drapée, avant l'éclosion du chaste Eros sans voile de Praxitèle.

Parmi les portraits des hommes illustres de la famille Colonna, beaucoup ont des attributions douteuses. Nous remarquons cependant une assez belle figure de Lorenzo Colonna, dont la grande barbe se mêle à la fourrure du vêtement et qu'Holbein a peut-être peint.

Si l'école romaine ne nous offre rien de saillant, l'école vénitienne est bien représentée par une *Vierge entourée de saints* que Bonifazio Ier a magnifiée de sa blonde lumière et une *Vierge avec saint Pierre et un donateur,* œuvre excellente où le vieux Palma affirme son grand style à la Bellini et sa souple et énergique exécution. A titre de curiosité, nous nous arrêtons devant une *Tête d'adolescent* de Giovanni Santi, dont la véritable gloire est d'être le père de Raphaël. Notre école française tient ici une bonne place. De Nicolas Poussin, une simple scène pittoresque, la *Métamorphose de Daphné.* De son parent et élève, Gaspard Dughet dit Poussin, une très captivante série de treize paysages à l'aquarelle, où la nature, dans ses manifestations les plus variées, est rendue avec une intensité d'observation, une puissance d'expression, une force de vérité bien extraordinaires au milieu du dix-septième siècle, et dignes d'immortaliser l'auteur, très près de son grand maître.

Mais l'heure du départ a sonné. Nous quittons Rome à trois heures et nous allons encore refaire notre étape de trente heures, sans arrêt jusqu'à Paris. Stendhal employait vingt-cinq jours à faire ce parcours. Nous l'envions... Mais, victimes de notre époque fiévreuse, du siècle de la vapeur, de l'automobile et bientôt peut-être de l'aéroplane, nous n'avons plus, hélas! le loisir de l'imiter...

La mélancolie du triste pays des Maremmes, que nous traversons avant la chute du jour, s'harmonise avec nos pensées. Avant que tout s'évanouisse dans la nuit, nous recueillons encore une belle impression d'Italie. Le soleil vient de disparaître derrière la ligne d'horizon tracée par la mer. Sur le rivage s'étendent à perte de vue les marais solitaires, domaine de la malaria, et dont l'immensité s'interrompt à peine

autour de quelques rares bouquets de pins
maritimes. Un dernier reflet rouge éclaire
un instant d'une lueur sanglante la surface
de la mer et les flaques d'eau des marécages.
Sur le ciel qui s'assombrit, se découpe la
silhouette noire et immobile d'un berger,
drapé dans son manteau et dont la taille
paraît gigantesque. Près de lui, immobiles
aussi, quelques bœufs maigres aux cornes
allongées Ce fugitif paysage crépusculaire,
à peine entrevu, aux lignes simplifiées, aux
couleurs violentes et rares, est d'une incomparable grandeur. Il nous laisse émus et
troublés et nous en rêvons au box de notre
Pullmann, où, avant Pise, la nuit complète
nous décide à nous enfermer.

Vendredi 27 mars. — Au roulement
prolongé de notre train sous la voûte du
tunnel du mont Cenis, nous sortons de
notre torpeur. Nous arrivons à Modane.
C'est l'aube : il est sept heures du matin.
La « tourmente » a sévi toute la nuit dans
la montagne et elle nous salue de son der-

nier tourbillon de neige qui nous enveloppe un instant. Quel contraste! C'est l'hiver. Aux douceurs. du printemps romain, de l'été sicilien, nous l'avions presque oublié. Quel changement à vue! Hier c'était le midi, la verdure, le ciel bleu et pur. Aujourd'hui, au revers du grand massif alpestre, c'est le nord, le froid, la neige, les nuages sombres et bas. Mais c'est la France... et ce n'est pas sans beauté.

Nous ne revoyons pas sans émotion nos belles Alpes françaises; les rochers aigus d'où la neige commence à glisser; les austères forêts de sapins qui au moindre souffle du vent répandent autour d'eux la poudre étincelante du givre; les tonalités fines et dégradées des gris argentés qui éclairent le paysage. Nous descendons la vallée de la Maurienne. Voici la petite ville de Chambéry qui se groupe au creux d'un ravin; voici Aix-les-Bains. Nous filons vite aux rives, sans verdure encore, du joli lac du Bourget. La coupe de cristal limpide s'étend morne et ne reflète que la blancheur des cimes et le noir réseau des branches d'arbres dépouillées.

Après Culoz, c'est le pittoresque Bugey et encore la beauté de la montagne aux contreforts du Jura. Mais bientôt tout s'abaisse, la montagne disparaît et nous entrons dans les plaines de la Bresse et de la Bourgogne. En même temps, le ciel s'assombrit et la pluie, la pluie du nord, commence à tomber, drue, sans arrêt. Elle ne nous quittera plus jusqu'à Paris.

Mais, quelle mauvaise grâce nous aurions à nous plaindre! La douceur du foyer, que rien ne remplace, nous accueille. Nous y attendrons patiemment l'éclosion de notre tardif printemps, en compagnie de nos nombreux et précieux souvenirs.

Et puis, n'avons-nous pas fait provision pour longtemps d'air pur, de chaleur et de lumière? N'arrivons-nous pas tout droit de Sicile, de l' « Ile du Soleil, où paissent les gras troupeaux d'Apollon »? Plus heureux que le subtil Ulysse, qui vit seulement la terreur et le mystère de ses bords, nous l'avons pénétrée et nous rapportons l'inoubliable vision de toute sa beauté.

TABLE

Avant-propos.   i

I. — De Paris à Palerme.   i

II. — Palerme.   55

III. — Agrigente. — Catane.   129

IV. — Syracuse.   165

V. — Taormine. Messine.   212

VI. — De Messine à Paris.   255

PARIS

TYPOGRAPHIE PLON-NOURRIT ɛт Cⁱᵉ

Rue Garancière,

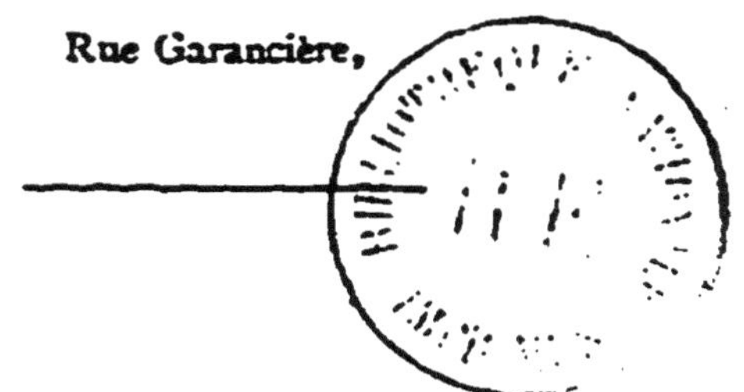